KB217580

교황 프란치스코

당신의 사랑이
세상을 웃게 합니다

가난하고 소외받는 이들의 아버지, 교황 프란치스코의 사랑과 평화의 메시지

교황 프란치스코

당신의 사랑이
세상을 웃게 합니다

✻

서상덕 지음

끌레마 Clema

　처음 프란치스코 교황을 접했을 때의 충격과 떨림은 지금까지도 사그라지지 않고 제 가슴 한편에서 무수한 울림을 만들어내고 있습니다.

　개인적으로는 지난 1989년 한국을 방문한 요한 바오로 2세 교황을 가까운 거리에서 봤을 때와 2010년 취재차 바티칸을 방문해 성 베드로 대성당에서 눈길을 주고받은 베네딕토 16세 교황을 대했을 때와는 분명 다른 떨림입니다. '이 기분 좋은 떨림이 어디서 비롯되는 것일까?' 하는 물음이 이 책을 세상에 내놓게 된 '겨자씨'가 되었습니다.

　2014년 3월 제266대 교황으로 역사에 등장한 프란치스코 교황. 그가 가난한 이들의 사도로서 가톨릭교회를 넘어 전 세계에 불러일으킨 신선한 바람은 불과 1년 남짓한 사이에 우리의 생각과 삶을 무서운 기세로 바꿔나가고 있습니다.

가톨릭교회 언론기관에 몸담아오면서 누구보다 교황과 교황청의 움직임에 관심을 기울여온 저는 이러한 변화를 가장 빨리, 가까이에서 접할 수 있었다는 점에서 운이 좋은 편입니다. 하루 한시가 멀다 하고 쏟아지는 교황 관련 소식들을 접할 때마다 가슴이 부풀어 오르는 희열을 느낄 수 있었기 때문입니다.

특히 이탈리아 현지 언론이나 제3자의 전언 등을 통해서가 아니라 프란치스코 교황과 가장 가까이 지내온 이를 통해 교황의 진면목을 엿볼 수 있었다는 점은 큰 행운이었습니다. 2014년 2월 6일, 아르헨티나 부에노스아이레스 대교구에서 활동하고 있던 문한림 신부가 산마르틴교구 보좌주교로 임명되면서 생긴 뜻밖의 소득입니다. 물론 임명권자는 프란치스코 교황입니다. 교황이 되기 직전까지 자신이 교구장으로 있던 부에노스아이레스 대교구에서 평소 눈여겨봐온 한국 출신 사제를 주교단의 일원으로 부른 것입니다.

그때부터 낮과 밤이 뒤바뀌는 12시간의 시차와 2만 킬로미터 가까운 거리를 뛰어넘어 저와 문 주교는 프란치스코 교황의 행보를 화제로 조금씩 친구가 되어갔습니다. 하루에도 몇 번씩 때를 가리지 않고 이뤄진 전화 통화에서 저는 문 주교의 목소리에도 제가 경험한 벅찬 떨림이 담겨 있음을 직감할 수 있었습니다. 프란치스코 교황이 얼마 전까지 친분도 없던 저와 문 주교를 오랜 친구처럼 엮어준 것입니다.

　문 주교와 저는 각자가 경험하고 느낀 프란치스코 교황의 진면목을 일반 대중에게 전해주기 위해 의기투합했습니다. 교황으로 선출되기 전 호르헤 마리오 베르골료 주교와 엎어지면 코 닿을 만한 가까운 곳에서 20년 넘게 친구처럼 지내온 문 주교가 전하는 교황의 인간적인 면모는 상상 그 이상이었습니다. 고(故) 김수환 추기경의 담당기자로서 가장 가까운 곳에서 김 추기경이 뿜어내는 경이로운 인간적 향기를 체험한 저는 프란치스코 교황의 여러 면모를 알게 되면서 당시와 비슷한 감동을 느꼈습니다. 알면 알수록 정말 이런 분과 동시대인으로 같은 대지를 딛고 살아가고 있다는 사실에 감사하게 되었습니다.

　고위 성직자가 폭력과 불법이 난무하는 빈민가에 혼자 찾아가 그곳 사람들과 스스럼없이 어울리는 것은 결코 쉬운 일이 아닙니다. 자신이 입고, 먹고, 자는 것과 관련해 아주 작은 특권마저도 포기하고 평사제와 똑같이 생활하는 것은 우리가 상상하는 것보다 훨씬 어려운 일입니다. 오랫동안 이어져온 관행과 습관을 깨는 일이기 때문입니다. 그것은 사랑과 배려라는 선한 마음뿐만 아니라, 변화와 쇄신에 대한 강한 의지가 동반되어야 하는 일입니다.

　지금껏 교회 언저리를 크게 벗어나본 적 없이 하느님을 위해 적잖은 시간을 보내왔다고 생각해온 저로서도 프란치스코 교황의 이러한 행보는 신선한 충격이 아닐 수 없었습니다. 소박, 겸손, 천진, 낮춤이라는 말만으로는 결코 담아내기 힘든 어떤 존재 앞에 저 또한 크게 '한 방 먹고' 비틀댔던 기억이 새롭습니다.

프란치스코 교황의 모습은 분명 부자가 자신의 주머니를 털어 자선을 베푸는 것과는 다릅니다. 그는 상대와 똑같아짐으로써 진정한 의미의 사랑을 실천할 줄 압니다. 가난을 몸소 살아내고, 비난을 기꺼이 감수하면서도 옳은 길을 가는 그의 모습에서 많은 이들이 위로받고 감동하고 있습니다.

문 주교와 이야기를 나눌 기회가 잦아질수록 저는 문득문득 남모를 희열에 들떠 있는 자신을 발견하게 되었습니다. 그리고 세상 곳곳에서 들려오는 프란치스코 교황의 세상을 향한 외침은 행진을 알리는 '나팔소리'가 되어 제 마음을 뒤흔들어놓곤 했습니다.

그런 시간이 이어지면서 제 가슴 속에서는 제가 품었던 벅찬 감동과 희열을 여러 사람들과 함께 나누고 싶다는 바람이 자라나고 있었던 것 같습니다.

이미 세상에는 프란치스코 교황에 관한 많은 책과 저작물들이 나와 있습니다. 반갑고 기쁜 일이 아닐 수 없습니다. 그 속에서 이 책이 어떤 의미를 더할 수 있을까 하는 고민이 없었던 것도 아닙니다. 자칫 제 과문한 노력 탓에 그저 몇 그루 나무가 세상에서 사라지게 하는 우를 범하지나 않을까 저어되기도 하였습니다.

하지만 몇 번이나 주저하는 저를 이 길에 다시 불러낸 이 또한 프란치스코 교황인 듯합니다.

이 책에는 프란치스코 교황의 숭고한 정신과 그 정신이 만들어내는 기분 좋은 변화를 전하고자 하는 저의 소박한 마음이 담겨 있습니다.

자발적으로 자신의 재능과 힘을 보태 프란치스코 교황이 전하는 사랑을 나누고, 그의 뜻에 따라 더 아름다운 세상을 만들어가는 데 조금이라도 보탬이 되고자 하는 이들에게 이 책이 조그만 노둣돌이 될 수 있길 소망해봅니다.

끝으로 이 책이 나오기까지 사랑과 격려를 아끼지 않은 모든 분들께 깊이 감사드리며 주님의 자비를 청합니다.

서상덕

2부 사랑을 살라

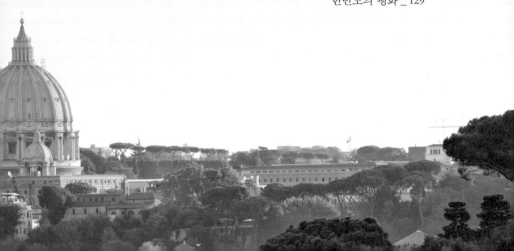

3부 기쁨의 교회

1부

가난하고 소외받는 이들의 아버지,
교황 프란치스코

그리스도교 신자는 물론 일반인들에게 '교황'이라는 말이 요즘처럼 가깝고 친근하게 다가왔던 적이 있었던가요?

전임 교황 베네딕토 16세의 사임으로 제266대 교황으로 선출된 아르헨티나 출신의 호르헤 마리오 베르골료 추기경. 그가 '제2의 그리스도(Alter Christus)'라 불리는 아시시의 성 프란치스코의 이름을 교황명으로 사용할 때부터 '교황'이라는 말은 이전과는 다른 새로운 생명력을 갖기 시작했습니다.

아시시의 성 프란치스코는 가난의 사도이자 평화의 사도로서, 가난하고 소외된 사람들을 위해 자신의 삶 전체를 온전히 바친 인물입니다. 그의 삶은 가난 그 자체였고, 그의 정신과 행동은 가난한 이들에게서 한 번도 벗어난 적이 없었습니다.

많은 지도자들이 말로는 가난한 이들에 대한 사랑과 헌신을 강조하면서도 정작 자신은 가난한 삶을 살아낼 엄두를 내지 못합니다. 이것이 그들의 말이 진정성을 갖지 못하고 우리에게 감동을 주지 못하는 이유입니다.

그런데 베르골료 추기경이 제266대 교황으로 선출되어 프란치스코라는 교황명을 사용한 순간부터 전 세계 수많은 사람들은 벅찬 감동과 떨림을 경험하고 있습니다. 부유하고 힘 있는 사람들이 아닌, 가난하고 소외받는 이들을 위해 자신의 삶을 온전히 바칠 새로운 지도자가 등장했다는 기대감 때문입니다.

교황이라는 말은 수백, 수천 년 전과 똑같으나 프란치스코라는 이름이 붙은 교황은 이미 과거의 그것이 아닙니다.

1부에서는 가난하고 소외받는 이들의 아버지, 프란치스코 교황이 어떤 분인지 알아보겠습니다.

프란치스코 교황이
세운 기록들

2013년 3월 13일 저녁, 바티칸 시스티나 경당의 굴뚝에서 흰 연기가 피어올랐습니다. 이와 동시에 성 베드로 광장은 환호와 기대, 설렘으로 술렁이기 시작했습니다. 베드로 사도로부터 제266대에 이르는 새 교황이 탄생한 것입니다. 추기경단의 비밀투표인 콘클라베가 시작된 지 이틀, 다섯 번째 투표에서 결정된 일입니다.

콘클라베는 교황에 대한 선거권과 피선거권을 지닌 추기경단의 비밀회의로, 이 비밀회의에서 교황이 선출되면 시스티나 경당의 굴뚝에 흰 연기가, 교황 선출이 무산되면 검은 연기가 피어오르는 전통이 있습니다.

프란치스코 교황의 탄생은 여러 가지 면에서 많은 사람들의 예상을 깨뜨렸습니다.

1282년 만에 탄생한 비유럽권 교황, 최초의 남미 출신 교황, 최초의 예수회 출신 교황.

아르헨티나 부에노스아이레스 대교구장인 베르골료 추기경*이 새 교황으로 선출되면서 세운 기록들입니다.

이뿐만이 아닙니다. 미국 시사주간지 〈타임〉 선정 2013년 올해의 인물, 미국 경제전문지 〈포춘〉 선정 세계에서 가장 영향력 있는 지도자 50인 중 1위, 트위터 팔로워 1,200만 명, 그리고 전 세계적으로 '포프 이펙트(교황 효과)', '포프 신드롬(교황 신드롬)'을 일으킨 인물. 그가 바로 프란치스코 교황(pope)입니다.

---

* Jorge Mario Bergoglio. 이 책에서는 호르헤 마리오 베르골료로 표기한다. 아르헨티나에서 사목하는 한국인 문한림 주교에게 확인한 현지의 발음과 한국천주교 주교회의의 표기에 따랐다.

교황의 트레이드마크는
미소와 유머

프란치스코 교황의 트레이드마크는 미소와 유머입니다. 교황의 편안한 미소와 소탈한 태도, 탁월한 유머감각 앞에서는 어느 누구라도 무장해제당하지 않을 수 없습니다.

절대자의 뜻이 자신에게 와 닿았을 때, 교황으로 선출된 그 순간에도 프란치스코 교황은 자신의 트레이드마크인 미소를 잃지 않았습니다. 성 베드로 광장에서 새 교황 탄생을 기다리던 20여만 명의 사람들에게 그는 환한 미소로 화답했습니다. 그리고 자신의 교황 선출을 축하하는 만찬자리에서 교황에 선출된 소감을 묻자 다음과 같이 대답해 좌중을 웃기기까지 했습니다.

"부디 하느님께서 나를 뽑은 당신들을 용서해주시길⋯⋯."

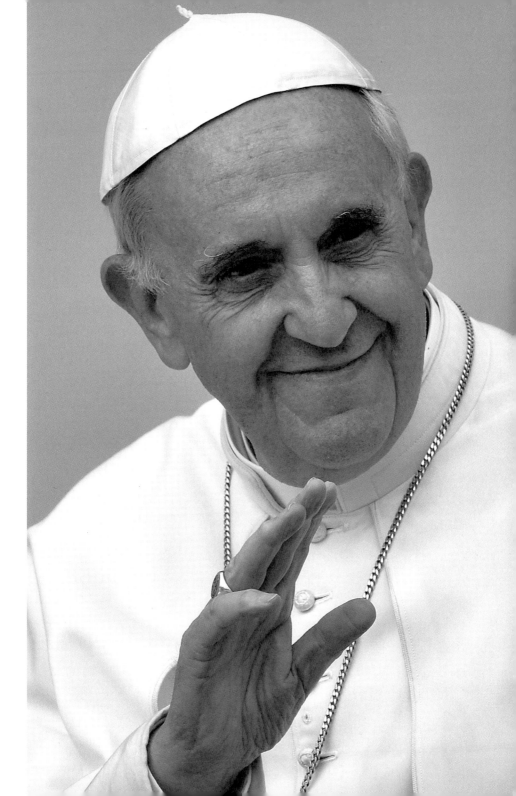

버스 타는 교황

프란치스코 교황은 일선 사제 때는 물론이고 추기경 시절에도 버스를 애용하기로 유명했습니다. 아르헨티나 부에노스아이레스 대교구 주교 시절, 달랑 가방 하나를 들고 버스에 오른 베르골료 주교를 발견한 사람들은 자기 눈을 의심했습니다.

'설마 닮은 사람이겠지. 일반 사제도 아니고 고위 성직자가 버스를 타고 다니다니⋯⋯.'

소탈하고 격의 없는 성품으로 인기가 많았던 베르골료 주교는 출장(?)이 잦은 편이었습니다. 본당이나 행사를 주최하는 측에서 그를 초청하며 차를 보내려고 전화하면 그의 대답은 열에 아홉 "알아서 갈 테니 걱정하지 말라"는 것이었습니다.

그가 즐겨 찾던 빈민촌은 치안이 좋지 않아 위험하다고 주위에서 말려도 그는 수행하는 비서도 없이 몇 번이나 버스를 갈아타고 행사가 열리는 곳을 찾아가곤 했습니다.

교황이 되어서도 그의 삶은 크게 달라지지 않았습니다. 그는 여전히 교황 전용 리무진보다는 교황청을 오가는 셔틀버스를 애용하고 있습니다.

"이제는 다들 나를 알아보니 별로 불편하지 않아요. 게다가 끝까지 기다려주니 버스를 놓칠 일도 없고 얼마나 좋아요?"

이렇게 말하는 프란치스코 교황의 얼굴에는 장난기 넘치는 소년의 모습이 얼핏 스치기도 합니다.

가난한 이들을 위한 교황

새로 교황에 선출되면 보통 자신이 공경하는 성인이나 존경하는 전임 교황의 이름에서 교황명을 따옵니다. 교황명은 그 사람의 업적을 본받고 계승하겠다는 사목 의지를 드러냅니다.

프란치스코 교황은 가난한 이들의 교회, 가난한 이들을 위한 교회를 만들겠다는 뜻에서 가난의 사도이자 평화의 사도인 아시시의 성 프란치스코를 교황명으로 정했습니다. 아시시의 성 프란치스코를 교황명으로 정한 것은 2000년 가톨릭 역사에서 처음 있는 일입니다.

예수회 소속 사제인 베르골료 추기경이 예수회의 창립자인 성 이냐시오가 아니라 프란치스코 성인을 따라 교황명을 정한 것은, 그가 그만큼 청빈과 가난에 대한 생각이 깊다는 것을 보여줍니다.

프란치스코 교황은 자신의 교황명을 정한 이유에 대해 이렇게 말합니다.

"가난한 사람들, 가난한 사람들……. 이들을 생각하니 곧바로 아시시의 성 프란치스코가 떠올랐습니다."*

"프란치스코 성인은 평화와 가난한 사람을 위하는 정신을 가르쳐 주었습니다. 가난한 사람을 위한 교회가 얼마나 좋은가요."*

아시시의 성 프란치스코

* 교황이 된 후 첫 공식 기자회견에서. 2013. 3. 16.

아시시의 성 프란치스코

'제2의 그리스도'로 불리는 아시시의 성 프란치스코(1181~1226)처럼 종교와 시대를 뛰어넘어 큰 사랑과 존경을 받는 성인도 드물 것입니다. 많은 이들이 프란치스코 성인에 감동하는 것은 가난 그 자체였던 그의 삶 때문입니다.

이탈리아 아시시에서 부유한 포목상의 아들로 태어난 프란치스코는 젊은 시절 한때 방탕한 생활을 했지만 어느 날 하느님의 음성을 듣고 자신이 가진 모든 것을 버렸습니다. 그는 "가난과 결혼했다"라고 선언한 뒤 평생 허름한 농부의 옷을 입고 청빈, 겸손, 사랑, 형제애를 실천하며 예수와 닮은 삶을 살았습니다. 또한 엄격한 규율과 청빈한 삶을 강조하는 프란치스코 수도회를 설립하여 세속화된 로마 가톨릭교회의 개혁운동을 이끌었습니다.

20세기를 대표하는 작가 헤르만 헤세(Hermann Hesse, 1877~1962)는 프란치스코 성인의 삶에 매료되어 그를 주인공으로 소설을 쓰기도 했습니다. 헤세는 "이 겸손한 사람에게서 삶의 빛이 솟았고, 쇄신의 큰 샘물이 솟았으며, 우리의 이 시대에까지 빛나는 인류애가 솟아올랐다"라며 프란치스코 성인에 대한 무한한 존경과 애정을 표현했습니다.

프란치스코 교황은 위기에 빠진 중세 교회에 생명력을 불어넣은 아시시의 성 프란치스코처럼 세속주의와 무신론, 교권 추락 등으로 어려움을 겪고 있는 오늘의 교회에 새바람을 일으키고 있습니다.

프란치스코 교황은 교황의 의무에 대해 다음과 같이 말합니다.

"교황은, 그리스도의 이름으로, 부자들에게 가난한 사람을 도우라고 재촉해야 할 의무, 가난한 사람을 존중해야 할 의무, 가난한 사람을 북돋워야 할 의무를 지니고 있습니다."*

* 바티칸을 방문한 세계 각국 대사들과 만난 자리에서. 2013. 5. 16.

프란치스코 성인이 생전에 입었던 실제 옷. 아시시

아시시의 성 프란치스코 대성당

교황의 뿌리는 가난

프란치스코 교황은 이탈리아에서 아르헨티나로 이주한 가난한 철도 노동자 가정에서 5남매 중 장남으로 태어났습니다.

부친 마리오 호세 베르골료는 이탈리아 북서부 피에몬테 주 아스티 현 포르타코마로에서 태어났으며, 모친 레지나 마리아 시보리는 북이탈리아 태생이지만 고향은 부에노스아이레스입니다. 교황의 부친이 아르헨티나로 이주한 이유는 당시 이탈리아에 파시즘이 만연했기 때문입니다.

프란치스코 교황이 가지는 힘의 원천은 어린 시절 깊이 체험한 가난한 삶, 그리고 가난 그 자체에 있습니다. 가난하지만 충만한 영성 속에서 참다운 기쁨을 접한 베르골료는 평범한 사제를 거쳐 교황이 된 지금도 가난 속에서 하느님을 체험하고 있습니다.

프란치스코 교황이 태어난 20세기 초 부에노스아이레스에는 원거주민보다 이민자 수가 더 많았습니다. 그 가운데 교황의 고향인 플로레스는 가장 가난한 동네였습니다. 청년 베르골료는 사제의 길을 걷기 전 플로레스에서 다양한 세상에서 온 사람들과 어울리며 청소부, 술집 문지기 등을 하며 밑바닥 삶을 경험했습니다. 그에게 플로레스는 빈자와 난민, 이민자 등에 대한 관심과 배려를 키우는 교육장이었던 셈입니다.

훗날 부에노스아이레스 대교구의 보좌주교로 임명된 베르골료 주교의 첫 주교 사목지도 자신이 태어나 살던 고향 플로레스였습니다.

현재 교황의 형제자매 중 누이 마리아 엘레나가 유일하게 생존해 있습니다.

주님의 부르심

청년 베르골료가 하느님의 부르심(성소)을 받게 된 결정적 전기는 그가 갓 스물을 넘겼을 때 찾아왔습니다.

스물한 살이 되던 겨울(1957년) 심한 폐렴을 앓게 된 베르골료는 병원에 입원해 자신의 병과 목숨을 건 사투를 벌이고 있었습니다. 그의 병세를 살핀 담당 의사는 평소 지침대로 일정량의 페니실린과 항생제를 투약하고 갔습니다. 이때 한 수녀가 그 모습을 유심히 살펴보고 있었습니다. 만약 그 수녀가 없었다면 우리는 지금 프란치스코 교황을 볼 수 없을지도 모릅니다.

사실 베르골료의 병세는 무척 위중한 상태였습니다. 그의 상태가 위중하다는 것을 간파한 수녀는 투약 분량을 3배로 늘려 주사했습니다. 어떻게 그런 판단을 할 수 있었을까요? 하느님의 손길처럼 다가온 그 수녀는 환자의 상태를 보고 직관적으로 무엇을 해야 할지 알고 있었던 것입니다. 그 덕분에 청년 베르골료는 결정적 위기를 넘길 수 있었습니다.

한쪽 폐의 일부를 잘라낸 후 병마를 딛고 일어선 청년 베르골료는 이듬해 봄(1958년 3월 11일) 아르헨티나 빌라 데보토에 있는 예수회 수련원에 입회해 성소의 길을 걷기 시작합니다.

이후 그는 칠레와 아르헨티나의 예수회 학교를 다니다가 1963년부터 부에노스아이레스 성요셉신학교에서 철학과 신학을 공부하고 32세에 사제품을 받았습니다. 4년 후 종신서원을 한 뒤 그해 예수회의 아르헨티나 예수회 관구장으로 선출되어 1979년까지 재임했습니다.

당시 아르헨티나를 비롯한 라틴 아메리카 전역에는 해방신학 열풍이 불고 있었습니다. 해방신학은 가난한 이들에 대한 우선적 선택과 사회정의를 위한 활동 등 현실 참여를 특히 강조하는데, 이때의 경험과 배움이 현재 프란치스코 교황의 실천적 사랑의 자양분이 되었습니다.

프란치스코 교황에 대한 주요 사실*

1. 버스 타고 다니는 것을 좋아한다.
2. 폐 하나로 50년 이상을 살아왔다. 청년 시절 감염 때문에 한쪽 폐를 잘라냈다.
3. 이탈리아 출신 철도 노동자 부부의 아들이다.
4. 화학자로서 교육을 받았다.
5. 근대에 선출된 첫 비유럽계 교황이다.
6. 동성애자들이 아기를 입양하는 것을 반대하지만 감염을 막기 위해 콘돔을 허용할 수 있다고 주장한다.
7. 2001년에 호스피스 병원에서 에이즈 환자의 발을 닦고 그 발에 입을 맞추었다.
8. 스페인어와 독일어만큼 이탈리어를 유창하게 구사한다.
9. 주교 시절 공식적인 주교 관저를 거부하고 작은 공용 주거지에서 지냈다.
10. 아르헨티나 지인들에게 만약 자신이 교황이 되면 축하하기 위해 로마로 오지 말고 대신 그 돈을 가난한 이들과 나누라고 말했다.
11. 2005년 콘클라베에서도 마지막까지 교황 후보자로 남은 것으로 알려져 있다.
12. 교회의 교리에 대해 보수적인 입장이지만, 미혼모의 아기에게 세례 베풀기를 거부한 사제들을 비판해왔다.

* 영국 일간지 〈가디언〉의 기사에서. 2013. 3. 13.

술집 문지기에서
하느님 나라의 문지기로

"술집 문지기 일도 해봤어요."

'설마 교황님이……. 농담이시겠지.'

프란치스코 교황이 젊은 시절 고향인 아르헨티나 부에노스아이레스에서 술집 문지기로 일한 적이 있다고 털어놓자 그 자리에 있던 사람들은 처음에는 농담이라고 생각했습니다. 2013년 12월 1일 로마 근교 알레산드리노에 있는 성 치릴로 성당을 방문해 신자들과 만난 자리에서 있었던 일입니다.

교황이 털어놓은 '전직'은 그뿐이 아닙니다. 그는 10대 시절에는 화학실험실 조수로 일했고, 20대에는 교사로 문학과 심리학을 가르쳤으며 심지어 양말공장의 청소부로 일한 적도 있다고 고백했습니다.

노동자가 대다수인 그곳 신자들은 곧 교황의 소탈한 화법에 매료

되었습니다.

　프란치스코 교황은 누구를 만나든 먼저 자신을 낮추고 부족한 듯한 자신의 모습마저 열어 보여줍니다. 그의 이런 거침없고 소탈한 화법은 하느님 나라의 문지기 역할을 톡톡히 합니다. 어떤 굳은 마음을 가진 사람들조차 무장해제시키기 때문입니다.

　프란치스코 교황은 사람들을 주님의 포도밭으로 이끌기 위해 자신의 부족함마저 도구로 이용할 줄 아는 분입니다.

가난과 결혼하다

프란치스코 교황의 가슴에서 빛나는 십자가는 '가난과 결혼한' 그의 삶을 단적으로 보여줍니다. 고위 성직자가 되면 '펙토랄레 (Pectorale)'라고 하는 가슴 십자가(Crux Pectoralis) 목걸이를 하게 되는데, 2013년 3월 교황에 선출된 프란치스코 교황은 새로운 십자가를 다는 기존 관례를 따르지 않았습니다. 대신 1992년 아르헨티나 부에노스아이레스 대교구 보좌주교로 임명됐을 때부터 사용하던 골동품이나 다름없는 철제 십자가 목걸이를 그대로 달고 다닙니다.

교황권의 상징인 '어부의 반지'도 새 교황 즉위 때마다 새로 순금으로 만드는데, 프란치스코 교황은 그 전례를 따르지 않고 도금한 은반지를 끼고 있습니다. 더구나 어부였던 예수의 제자 베드로의 모습이 새겨져 있는 그의 은반지는 이탈리아 조각가 엔리코 만프리니가 교황 바오로 6세(1963~1978년 재위)에게 헌정했던 반지를 본떠 제 작한 것입니다. 프란치스코 교황의 뜻에 따라 디자인을 재활용한 셈 입니다.

이뿐만이 아닙니다. 프란치스코 교황은 교황 전용 붉은 신발 대신 자신이 콘클라베에 참석하기 위해 아르헨티나를 떠날 때 친구가 선 물한 검정색 구두를 지금도 신고 다닙니다.

압권은 교황 문장입니다. 그는 교황을 상징하는 문장도 아르헨티 나 부에노스아이레스 대교구장 시절 쓰던 것에 교황의 상징인 열쇠 문양을 추가하는 정도로 간소하게 만들었습니다. 교황이 된 후의 문 장이 추기경 시절의 문장과 다른 점은, 방패 위의 붉은색 추기경 모 자 대신 교황의 세 가지 직무, 즉 통치권과 성품권, 교도권을 상징하 는 금색 줄무늬가 새겨진 흰색 주교관과 붉은 줄로 연결된 금과 은 으로 된 2개의 열쇠가 있다는 것입니다.

방패 밑에는 주교 시절의 사목 표어인 'miserando atque eligendo (자비로이 부르시니)'가 새겨진 리본이 있습니다. 수세기 동안 교황 문 장은 공통적으로 믿음과 희망과 사랑에서 기인하는 모든 이상에 전 적으로 열려 있음을 나타내기 위해 사목 표어를 쓰지 않았습니다. 프란치스코 교황은 교황으로서는 유일하게 자신의 문장에 주교 시 절 사목 표어를 재활용해 사용하고 있는 것입니다. 이쯤이면 프란치 스코 교황을 '재활용의 달인'이라고 하지 않을 수 없을 것입니다.

miserando atque eligendo

"그리스도께서 우리를 해방시키시고 부유하게 해주시고자 택하신 이 가난은 무엇입니까? 이는 그리스도께서 우리를 사랑하시는 방식입니다. 곧 길가에 초주검으로 버려진 사람에게 이웃이 되어준 착한 사마리아인처럼 그리스도께서 우리의 이웃이 되어주시는 방식입니다."*

"그리스도의 가난은 가장 큰 부요입니다. 예수님의 부요는 하느님 아버지를 무한히 신뢰하고 늘 그분께 의지하며, 언제나 아버지의 뜻과 영광만을 추구하는 것입니다."*

"빈곤은 믿음과 연대와 희망이 없는 가난입니다. 우리는 빈곤을 세 종류로 나눠볼 수 있습니다. 곧 물질적, 도덕적, 영적 빈곤입니다."*

* 2014년 사순 시기 담화에서. 2013. 12. 26.

교황의 방

 교황의 방은 어떤 모습일까요? 성스럽고 진귀한 물건들로 가득 찬 방을 상상했다면, 프란치스코 교황의 방을 보는 순간 놀라게 될지도 모릅니다.

 프란치스코 교황 이전 교황들은 '사도 궁(Apostolic Palace)'이라고 불리는 10개의 방이 딸린 교황의 공식 관저에서 생활하고 7~9월 여름철에는 로마 교외에 위치한 교황의 여름별장인 카스텔 간돌포에서 지냈습니다.

 성 베드로 대성당을 바라보고 성 베드로 광장 오른편에 위치한 사도 궁은 1903년 비오 10세 교황이 처음 공식 거처로 사용한 이후 1964년 바오로 6세 때 지금의 외관으로 바뀌어 내려오고 있습니다. 보통 교황이 바뀌면 내부 수리를 거쳐 새 교황이 입주하는 것이 관례인데 프란치스코 교황은 지금 사도 궁에 살지 않습니다.

프란치스코 교황은 콘클라베 기간 동안 다른 추기경들과 함께 묵었던 임시 거처인 '성녀 마르타의 집'에서 지내고 있습니다. 콘클라베 당시 207호 방을 썼던 교황은 즉위 후 손님을 맞기 위해 좀 더 큰 방으로 옮겼을 뿐입니다. 이로써 교황 비오 10세 이후 처음으로 교황 관저 밖에서 기거하는 교황이 된 셈입니다.

교황은 성녀 마르타의 집 공동식당에서 여러 사람들과 함께 밥을 먹고 평일 오전 미사도 성녀 마르타의 집 성당에서 일반 직원들과 함께 봉헌합니다.

프란치스코 교황의 이런 삶은 이미 오래 전부터 예견됐던 것입니다. 1992년 6월 아르헨티나 부에노스아이레스 대교구의 보좌주교로 임명된 베르골료 주교의 첫 사목지는 교구 내 4개 지역 중 가장 가난한 플로레스 지역이었습니다. 당시 이 지역에서 빈민들을 무료로 치료해주는 알바레스시립병원 원목으로 활동하고 있던 한국 출신 문한림 신부는 베르골료 주교에 대해 인상 깊은 일화를 들려줍니다.

처음 베르골료 주교의 방에 들어간 문한림 신부는 당황하지 않을 수 없었다고 합니다. 침대 하나, 옷장 하나, 책 몇 권이 전부인 단출한 방. 거기에 똑같은 의자 2개가 놓여 있었는데, 문 신부는 자신이 어떤 의자에 앉아야 할지 몰랐던 것입니다. 보통 주교용 의자와 손님용 의자가 구분되기 마련이지만 베르골료 주교의 방에는 그런 구분이 없었습니다.

베르골료 주교는 보좌주교 때도, 추기경이 되어서도 자신만의 특별한 의자를 사용하지 않고 늘 다른 이들과 같은 의자를 썼습니다. 높고 낮음의 차이를 두지 않고 상대와 같은 위치에 마주 앉아 소통하기 위함입니다.

베르골료 주교가 문한림 신부와 공동으로 미사를 집전하고 있다.

사람들 없이는
살 수 없습니다

"제게 중요한 것은 공동체입니다. 저는 항상 공동체를 찾았습니다. 혼자 사는 사제는 한 번도 생각해본 적이 없습니다. 그래서 공동체와 함께하고자 했습니다. 여기 성녀 마르타의 집에서도, 교황으로 선출될 당시 나는 207호에 머무르고 있었습니다. 지금 그 방은 손님방으로 사용하고 있습니다. 교황으로 선출된 후, 교황 관저로 가는 것에 대해 저는 조금의 망설임도 없이 싫다고 대답하고 201호로 옮겼습니다. 사도 궁 안에 있는 교황 관저는 그리 화려하지 않습니다. 오래되었고, 사용하기 좋게 크기는 하지만 화려하지는 않습니다. 깔때기를 거꾸로 세운 것처럼 크고 넓지만 입구는 매우 좁습니다. 한 방울씩 수를 세면서 들어가는 것 같습니다. 그래서 저는 싫다고 했습니다. 저는 사람들 없이는 살 수 없습니다. 다른 사람들과 더불어 저의 삶을 살아야 합니다."

프란치스코 교황은 예수회 잡지인 〈치빌타 카톨리카(La Civiltà Cattolica)〉와의 인터뷰에서 이렇게 말했습니다.

• 또한 프란치스코 교황은 2013년 6월 7일 유럽 지역 예수회 학교 학생들과 질의응답 시간에, 호화로운 바티칸 저택은 지루할 것 같아 거절했다며 교황 관저 대신 공용 거주지에 사는 이유를 설명했습니다. 이날 교황은 준비된 질문지를 치우고 즉석 질의응답으로 학생들과 많은 이야기를 나누었습니다.

바티칸은 이탈리아의 수도인 로마 시내에 있으며, 벽으로 둘러싸인 영토로 이루어져 있는 내륙국이자 독립 도시국가입니다. 인구는 약 900명, 면적은 약 0.44km²로 세계에서 가장 작은 나라입니다.

바티칸 시국은 로마의 주교, 즉 교황이 통치하는 신권 국가로 가톨릭교회의 상징이자 중심지입니다. 바티칸 시국에 근무하는 직원들은 대부분 가톨릭교회의 성직자나 수도자로 이루어져 있습니다. 국제 관계에 따른 정식 명칭은 바티칸 시국이 아니라 성좌(聖座, Sancta Sedes)입니다.

프란치스코 교황의 2014년 10가지 조언*

1. 험담하지 않기
2. 음식 남기지 않기
3. 가톨릭 신자가 아닌 사람들을 위해 시간 내기
4. 좀 더 검소하게 생활하기
5. 가난한 사람들을 직접 찾아가기
6. 다른 사람들을 판단하지 않기
7. 의견이 다른 사람들과 친구 되기
8. 결혼에 대해 확신을 가지기
9. 기도하는 습관 들이기
10. 행복하게 살기

* http://www.rappler.com/move-ph/46933-new-year-resolutions-pope-francis-quotes

강생, 내려와 삶

프란치스코 교황은 소통의 달인입니다. 무신론자, 동성애자뿐만 아니라 이슬람교와 유대교 등 다른 종교인들과도 직접 만나 이야기를 나누고 적극적으로 교류합니다. 어떠한 구별이나 차이도 그의 열린 마음 앞에서는 무색해지고 맙니다.

민족과 종교, 정치적 성향은 물론 개인의 취향 등으로 편을 가르는 것이 일상이 되고 아무렇지도 않게 받아들여지는 세상에서 프란치스코 교황의 행보는 신선함을 넘어 충격적으로 다가오기까지 합니다. 그 힘의 원천은 누구든 격의 없이 대하는 프란치스코 교황의 소탈한 태도에 있습니다.

사람들이 자신을 친근하게 느끼도록 만드는 교황의 비장의 카드는 낮춤과 겸손입니다. 그래서 그는 한사코 특별한 자리, 유별난 대우를 사양합니다. 높은 자리에 앉아 낮은 자리의 사람을 내려다보면 결코 가까워질 수 없기 때문입니다.

왕의 모습으로 빈민촌을 찾아가면 아무리 노력해도 가난한 이들과 가까워질 수 없습니다. 동전 몇 푼을 던져주듯 은혜를 베풀 수는 있지만, 그들의 형제가 되는 것은 불가능합니다. 상대와 같은 차를 타고 같은 음식을 먹고 같은 집을 주제로 이야기를 나눌 수 있어야 상대도 열리고 자신도 열리고 진정한 소통의 길이 열립니다.

프란치스코 교황의 사목 스타일은 이처럼 낮은 데로 내려가는 강생(降生, 내려와 삶)입니다.

"주교가 되고 추기경이 되고 교황이 되는 것은 계급이 한 등급씩 올라가는 것이 아니라 한 단계씩 더 내려와 대중을 더욱 섬기는 삶이어야 한다"고 교황은 말합니다.

"늘 성당 문을 열어두십시오. 이것은 가난하고 고통 받는 이들이 우리에게 올 수 있도록 할 뿐만 아니라, 우리가 그들에게 다가갈 수 있게 하기 위한 것입니다. …… 또 여러분이 잘 알고 있는 하느님의 말씀을 마음속에 간직하지 말고 사람들에게 선포하십시오. 말이 아니라 여러분의 생활과 행동으로 보여줘야 합니다."*

"프란치스코 성인은 사람들이 사치, 자만, 허영 등을 버려야 한다고 말했습니다. 그리고 교회들이 누리고 있는 권위나 힘도 버려야 한다고 했습니다. 프란치스코 성인은 가난의 영성만을 교회에 전하려고 노력했습니다. 그것은 역사를 바꾸는 큰 일이었습니다."**

* 아르헨티나 부에노스아이레스 대교구장 시절 교구 성직자와 수도자들에게 보낸 사순 시기 편지에서.
** 부에노스아이레스 대교구장 시절 랍비 아브라함 스코르카(Abraham Skorka)와 나눈 좌담을 엮은 《천국과 지상》에서, 2010.

알모너, 자선 구급대원

교황이 특별히 어떤 이에게 도움을 주고 싶을 때 그 일을 도와주는 사람이 있습니다. 폴란드 출신의 '알모너(Almoner)' 콘라드 크라예프스키 대주교가 바로 그 일을 맡고 있는 인물입니다.

'알모너'란 원래 중세 말 영국 수도원 등에서 가난한 사람들에게 자선을 베푸는 성직자를 부르는 말이었습니다.

프란치스코 교황은 교황으로 선출되자마자 어려움에 처한 이들에게 가까이 다가가야 하는 자신의 직무를 강조하면서 다음과 같이 말했습니다.

"오, 저는 가난한 교회, 가난한 사람들을 위한 교회를 얼마나 사랑하는지 모릅니다."

이처럼 가난한 이들의 사도를 자처하는 프란치스코 교황으로 인해 13세기 이래 원로급 고위 성직자들의 명예직이었던 알모너라는 직책의 역할이 완전히 바뀌게 됩니다. 교황은 불과 50세의 크라예프스키 대주교를 이 자리에 임명했고, 그를 거리로 내몰아 가난한 사람들을 찾아다니게 했습니다. 교황을 대신해 어려운 사람들을 신속하게 지원하는 일종의 '자선 구급대원'의 역할을 맡긴 것입니다.

크라예프스키 대주교가 알모너로 임명되고 프란치스코 교황을 알현했을 때 들은 첫마디는 "책상을 팔고 거리로 나가라"는 말이었습니다. 사무실에 앉아 사람들이 찾아올 때까지 기다리지 말고 거리로 나가서 가난한 이들을 돌보라는 뜻입니다.

알모너 크라예프스키 대주교의 임무는 전적으로 교황으로부터 어떤 지시를 받는지에 달려 있습니다. 그는 매일 아침마다 근위병으로부터 교황이 전하는 한 다발의 편지를 전해 받습니다. 각 편지에는 교황이 친필로, "나가서 ○○○를 만나시오"라든가, "○○○를 어떤 방법으로 도울 수 있는지 알아보시오", 또는 "○○○와 대화를 나눠보시오" 등의 지시가 적혀 있습니다.

크라예프스키 대주교는 이 편지 다발을 들고 교황을 대신해 로마 거리를 헤매는 노숙자를 방문하는 일부터 위로받고 싶어하는 가난한 가족들을 찾아내는 일까지 다양한 자선활동을 수행합니다.

크라예프스키 대주교는 교황을 돕고 있는 자신의 역할에 대해 이렇게 말합니다.

"원칙은 이렇습니다. 사람들과 함께 있고 그들의 삶을 공유하라.

15분이나 30분, 단 1시간이라도."

2013년 10월 초 이탈리아 최남단 람페두사 섬 해역에서 불법 이민 선박이 전복되어 아프리카 난민 350여 명이 희생되었습니다. 프란치스코 교황은 이 참사 소식을 접하고 누구보다 먼저 현장으로 달려갔습니다. 그들의 아픔을 위로하고 바티칸으로 돌아온 교황이 가장 먼저 한 일은 구출된 난민들에게 전화카드를 선물한 것입니다. 구조자들이 가족들에게 자신의 생존 소식을 알릴 수 있도록 배려한 행동입니다.

이때 교황의 지시에 따라 직접 전화카드를 사서 람페두사의 난민들에게 나눠준 이가 알모너인 크라예프스키 대주교입니다.

한 번은 로마의 한 여성이 교황에게 편지를 보내 누군가가 자신의 주머니에서 54유로를 훔쳐갔다고 하소연했습니다. 그 돈은 입원해 있는 남편의 병원비로 쓸 돈이었습니다. 여인의 딱한 사정을 들은 프란치스코 교황은 알모너 대주교를 시켜 그 여성에게 200유로를 전해주었습니다.

또 척수성근위축증이라는 병을 앓던 18개월 된 아기의 이야기는 감동 그 자체입니다. 노에미 쉬아레타라는 이름을 가진 아기의 아버지가 교황에게 편지를 썼습니다. 어찌할 수 없는 슬픔에 교황으로부터 위로를 받고 싶었던 것입니다. 교황의 지시를 받고 크라예프스키 대주교가 병원을 찾아갔지만 아기의 상태는 더 심각해졌습니다. 보고를 받은 교황은 아픈 아기의 가족을 바티칸으로 초청해 직접 만났습니다. 그리고 자신이 있는 성녀 마르타의 집에 그들을 묵게 하여 위로해주었고, 다음날 알현석상에서 성 베드로 광장에 모인 순례자들과 함께 아기를 위해 기도했습니다.

　이런 일화들은 셀 수도 없이 많습니다. 가난하고 소외된 이들의 상처와 고통을 프란치스코 교황은 절대 놓치는 법이 없습니다. 그들의 고통에 공감하고, 즉시 '자선 구급대원'인 알모너 대주교를 출동시켜 위로하고 보듬어줍니다.

소외된 이들의 목자

"요셉 성인처럼, 교황은 팔을 벌려 하느님의 모든 백성을 보호하고 모든 인류, 특히 가장 가난하고 가장 힘없고 가장 보잘 것 없는 이들을 부드러운 사랑으로 끌어안아야 합니다."*

"인간이 책임을 다하지 못할 때마다, 우리가 피조물과 우리의 형제자매를 돌보지 못할 때마다 파괴의 길이 열리고 마음이 완고해집니다."*

"보호자의 소명은 단지 그리스도인에게만 해당하는 것은 아닙니다. 하느님의 창조물인 환경을 존중하며 한 사람 한 사람에게, 특히 아이들과 노인들, 우리가 지나치기 쉬운 궁핍한 사람들에게 사랑과 관심을 보이고 보호하는 것입니다."*

프란치스코 교황은 거룩한 성전이나 집무실 안에만 머무는 사제
가 아니라, 스스로를 낮추어 몸소 가난을 살아내며 소외된 사람들
을 보듬는 참된 목자의 길을 걸어왔습니다.

교황 즉위 미사에서도 그는 스스로를 교황이라기보다 '로마의 주
교'라고 표현하고 "가장 가난한 사람을 보호하는 것이 로마 주교의
소명"이라고 강조하면서 낮은 곳으로 향하여 소외된 이들의 목자로
서 교황직을 수행하겠다는 의지를 밝혔습니다.

또한 교황은 종교와 정치, 경제, 사회계의 책임 있는 지위에 있는
모든 사람들에게 "피조물의 보호자, 자연 안에 새겨진 하느님 계획
의 보호자, 인간과 자연의 보호자가 되도록 하자"라고 역설했습니다.

* 프란치스코 교황의 즉위 미사 강론에서. 2013. 3. 19.

트위터 하는 교황

프란치스코 교황은 미국의 시사주간지 〈타임〉이 선정한 2013년 올해의 인물로, 〈타임〉의 12월 호 표지를 장식했습니다. 또한 2014년 1월에는 록 음악을 주로 다루는 미국의 음악잡지인 〈롤링스톤〉의 표지에도 등장했습니다.

이뿐만이 아닙니다. 이탈리아의 미디어그룹인 몬다도리는 세계 최초로 '교황 전문지'인 〈주간 교황〉을 창간했습니다. 〈주간 교황〉의 편집장인 알도 비탈리는 "가톨릭 신자뿐만 아니라 비신자들에게까지 사랑받고 있는 프란치스코 교황의 말과 행동을 공유하고 보도하기 위해서"라고 창간 취지를 밝혔습니다.

이처럼 대중의 전폭적인 지지와 사랑을 받고 있는 프란치스코 교황은 스스로도 대중과 소통하는 것을 좋아하고 즐깁니다. 교황은

소셜 네트워크도 적극적으로 활용합니다. 그는 자신의 권고나 깨달음에 대한 짧은 글을 교황 트위터(@Pontifex)를 통해 거의 매일 전하고 있습니다. 덕분에 전 세계의 사람들은 교황의 신앙과 영성을 매일 실시간으로 접하는 기쁨을 누리고 있습니다.

프란치스코 교황은 소통의 진정한 의미에 대해 다음과 같이 말합니다.

"사람들 사이의 소통이 고통을 낫게 하는 향유이자 심장을 기쁘게 하는 포도주가 되어야 합니다. 우리는 디지털 고속도로를 그저 지나치는 행인이 되어서는 안 됩니다. 사람들 간의 연결고리는 진정한 소통으로 발전해나가야 합니다."*

* 제48회 홍보주일 담화에서. 2014. 1. 23.

제가 당신 발을
씻겨드려도 될까요?

교황 즉위 후 처음으로 맞는 성주간의 성목요일이던 2013년 3월 28일, 프란치스코 교황은 로마 근교에 있는 청소년 교정시설 카살 델 마르모 소년원을 찾았습니다.

이곳에 수용된 50여 명의 청소년 대부분은 북아프리카를 비롯해 다른 나라에서 건너온 가난한 이민자의 자녀들입니다. 그들 가운데 12명의 발 아래 교황이 허리를 굽혔습니다.

교황은 검은 발, 하얀 발, 문신을 새긴 발 아래 무릎을 꿇고 연신 물을 부어 씻고 닦고 입을 맞췄습니다. 발을 씻고 난 뒤에는 일일이 눈을 맞추며 미소 지었습니다. 교황에게 발을 내맡긴 이들도, 지켜보는 이들도 벅차오르는 감동에 눈물을 흘렸습니다. 12명의 아이 가운데는 여자 소년원생 2명과 무슬림 2명도 포함되어 있었습니다. 또 로마의 동·서 분열 이후 가톨릭에서 분리한 그리스정교회 신자 1명도 포함되어 있었습니다.

교황이 여성이나 무슬림에게 세족례를 한 것은 역사상 처음 있는 일입니다. 범죄를 저지른 소년원생들의 발을 씻겨준 교황도 처음입니다. 과거 265명의 교황들은 주로 남성의 발만 씻겨주었습니다. 예수님의 열두 제자가 남자라는 이유에서입니다. 하지만 프란치스코 교황에게는 가장 낮은 곳에서 사람들과 함께 어울린 예수 그리스도의 정신이 교회 관습보다 더 중요했습니다.

세족례 뒤 봉헌한 미사에서 교황은 이렇게 말했습니다.

"주님은 가장 높은 분입니다. 가장 높은 곳에 있는 사람은 다른 이들을 도와야 합니다. 나는 당신들을 섬겨야만 합니다. 그렇게 하라고 주님이 나를 가르치셨습니다."

프란치스코 교황에게는 몸소 가난한 이들을 찾아가 발을 씻겨주는 세족례가 결코 낯설지 않습니다. 부에노스아이레스 대교구장 시절에도 그는 자주 교도소, 병원, 양로원 등을 찾아 갇힌 이, 병자, 노인의 발을 씻겨주었습니다.

성주간(聖週間)이란, 그리스도교 신앙의 핵심이 녹아 있는 예수 부활대축일(부활절) 전 한 주간을 일컫는 말로 예수 그리스도의 수난 사건을 기념하는 연중 가장 거룩한 시간입니다.

이 시기 그리스도인들은 예수 그리스도께서 세상을 성부와 화해시킨 파스카의 신비를 경축하고 재현합니다. 특히 최후 만찬을 기념하는 미사가 거행되는 성목요일 저녁부터 예수부활대축일(일요일)까지 3일을 성삼일(聖三日)로 지내며 예수의 수난과 죽음을 통해 드러나는 구원의 신비를 체험하게 됩니다.

세족례란, 성목요일에 거행되는 전례 중에서 사제가 신자들의 발을 씻겨주는 의식을 말합니다. 이는 최후의 만찬 때 예수께서 사도들의 발을 씻겨준 일(요한 13, 1-17)을 기념하는 것입니다. 세족례 때 사제들은 12명의 평신도의 발을 씻겨주는 것이 일반적이지만, 프란치스코 교황은 과거의 전통을 뛰어넘어, 소외된 이들 가운데서도 더 소외된 이들이 머무는 소년원을 찾아 하느님에게서 멀어져 있는 청소년들의 발을 씻겨주고 입을 맞춘 것입니다.

안녕하세요? 교황입니다!

자신이 받아든 전화기 너머로 교황의 목소리가 들려온다면 어떤 기분일까요? 2013년 여름 이탈리아 신문 〈라 누오바(La Nuova)〉에는 프란치스코 교황의 진면목을 보여주는 일화가 실려 화제가 되었습니다.

베네치아 근교 파도바 시의 한 대학생이 프란치스코 교황에게 한 통의 편지를 보냈습니다. 읽어보는 것은 고사하고 교황의 손에 들어갈 수나 있을지 반신반의하면서요.

그런데 불투명하기만 한 미래와 진로에 대한 고민이 가득 담긴 청년의 편지를 읽은 프란치스코 교황은 지체 없이 청년에게 전화를 걸었습니다.

"안녕하세요? 교황입니다!"

아무 예고도 없이 교황이 직접 걸어온 전화를 받은 청년의 심정은 어땠을까요? 방망이질치는 가슴을 진정시키느라 진땀깨나 뺐을 법합니다.

프란치스코 교황은 앞에 소개한 청년처럼 평범한 이들에게 손수 전화를 걸어 깜짝 놀라게 하는 것으로 유명합니다. 보통 사람들이 일상에서 겪는 어려움에 대해 귀 기울임으로써 그들의 현실을 더욱 깊이 이해하고자 하는 마음에서 비롯된 행동입니다. 이러한 교황의 모습은 그 자체로 많은 이들의 마음을 움직이고 감동을 줍니다.

프란치스코 교황은 주교 시절에도 휴대전화에 메시지를 남기면 1시간 안에 직접 전화를 거는 것으로 유명했습니다. 비서의 존재가 무색할 지경이었지요. 그는 교황이 된 지금도 아르헨티나의 많은 지인들에게 직접 전화를 걸어 이야기를 나눕니다. 보통 사람들은 상상도 하기 힘든, 수많은 중요한 일들을 처리하면서 어떻게 짬을 내서 이런 세세한 데까지 신경을 쓰는지 불가사의한 일입니다.

진정성의 힘

　프란치스코 교황은 전 세계적으로 가장 많은 팬을 지닌 지도자 중 한 명입니다. 사람들이 그의 말과 행동에 열광하는 이유는 무엇일까요? 프란치스코 교황의 말과 몸짓 하나하나가 뭇 대중, 특히 가난한 이들을 향해 열려 있기 때문입니다.

　그는 대화하거나, 연설하거나, 강론하거나, 서간을 발표할 때나 언제든 누구나 알아들을 수 있을 정도로 단순하고 명쾌하게 말합니다. 때문에 그 속에 담긴 진정성이 더욱 빛나는 것입니다.

　근엄하고 높은 존재가 아니라 마음씨 따뜻한 이웃집 할아버지 같은 모습으로 다가오는 교황의 표현 하나하나에는 인간과 세상을 대하는 그의 감수성이 잘 드러납니다.

　또한 프란치스코 교황의 소탈한 면모는 많은 이들의 마음을 사로

잡습니다. 프란치스코 교황은 공식석상에서도 고상하게 다듬어진 발표문을 제쳐놓고, 즉석에서 자신의 진심을 담은 연설을 하는 것으로 잘 알려져 있습니다.

그는 시간과 형식 따위는 따지지 않습니다. 오직 마음이 시키는 대로 행동합니다. 이것이 큰 울림이 되어 수많은 사람들에게 감동을 주고 있습니다.

바티칸 정원을 개방하다

"이런 곳을 저 혼자 보기엔 너무 아깝군요."

고결한 정신을 지닌 이의 평범한 생각이 일으키는 변화는 극적이기까지 합니다. 프란치스코 교황의 평범한 생각이 또 한 번 신선한 파문을 낳았습니다. 교황이 바티칸 정원을 2014년 여름부터 일반인들에게 개방하겠다고 밝힌 것입니다.

바티칸 정원(Giardini Vaticani)은 바티칸 시국 영토의 절반 이상을 차지하는 크기로, 바티칸 시의 남부와 북동부에 이어져 있으며 르네상스 시대에서 바로크 시대에 걸쳐 조성되었습니다.

처음으로 그리스도교를 공인한 콘스탄티누스 대제의 어머니인 헬레나 성녀가 그리스도의 피와 네로 황제의 박해로 목숨을 잃은 수많은 초기 그리스도인들의 피를 상징적으로 연결시키고자 골고타에서 가져온 흙을 바티칸 정원에 뿌렸다고 전해집니다.

바티칸 정원은 과수원과 포도원이 교황의 사도 궁 북쪽까지 뻗쳤던 중세 시대부터 존재해왔습니다. 1279년 교황 니콜라오 3세는 교황의 거주지를 라테라노 궁전에서 바티칸으로 옮기고 성벽을 둘렀습니다. 이 장소는 16세기 초반인 교황 율리오 2세 때에 다시 한 번 새롭게 꾸며집니다. 르네상스 양식의 거대한 직사각형 미로에는 회양목을 심었으며 이탈리아 소나무와 레바논산 삼나무로 미로의 틀을 잡았습니다.

프란치스코 교황은 미켈란젤로의 예술품들과 비견될 정도로 아름다운 이 정원을 개방하겠다고 밝힌 것입니다.

이제 이탈리아를 순례하는 순례자들 가운데 운이 좋은 이는 프란치스코 교황이 거니는 정원에서 직접 그를 만날 수 있을지도 모르겠습니다.

바티칸 정원을 개방하기로 결정하기에 앞서 프란치스코 교황은 이미 2014년 3월 1일 역대 교황들의 여름 별장지인 카스텔 간돌포 정원을 일반에 개방했습니다. 카스텔 간돌포는 로마에서 동남쪽으로 24km 떨어진 곳에 위치한 작은 마을로, 17세기에 조성되어 교황의 여름 별장으로 이용되어온 곳입니다. 그림 같이 아름답게 펼쳐진 알바노 호수가 특히 인상적입니다. 얼마 전까지 이곳을 방문한다는 것은 보이지 않는 특권이나 특혜처럼 여겨지기도 했습니다.

교황의 고백

　프란치스코 교황이 수십 년 동안 애지중지 간직하고 있는 묵주가 있습니다. 이 묵주에 얽힌 이야기는 아르헨티나 부에노스아이레스 대교구 보좌주교 때로 거슬러 올라갑니다.

　어느 날 베르골료 주교는 한 사제의 장례식에 참례했습니다. 당시 선종한 신부는 고해사제로 유명했을 뿐 아니라 신자들의 사랑을 한 몸에 받았던 이였습니다.

　베르골료 주교는 자신의 차례가 되어 신부의 관에 헌화하러 나갔습니다. 그때 그의 눈에 고인의 손에 쥐어진 묵주가 들어왔습니다. 그와 동시에 베르골료 주교의 마음 속에는 자신도 모르게 나쁜 마음(?)이 불같이 일어났습니다. 그리고 신부의 손에 쥐어져 있던 묵주는 어느새 베르골료 주교의 손에 들려 있었습니다. 그 순간 베르골료 주교는 신부의 얼굴을 보면서 자신의 죄를 고백했다고 합니다.

베르골료 주교는 그날 이후로, 그리고 교황직에 오르고 나서도 그 묵주를 윗옷 가슴 쪽 주머니에 넣고 다닙니다. 자신의 죄를 잊지 않기 위해서입니다. 특히 누군가에 대해 나쁜 생각이 들 때마다 묵주가 있는 주머니에 손을 대면 금세 자비의 마음이 회복된다고 합니다.

고백은 용기이며, 그 용기는 하느님에게서 오는 것입니다. 그래서 고해는 성사가 됩니다. 신앙심이 깊은 신자들 가운데에도 고해소 앞에서 주저하고 두려움을 느끼는 이들이 적지 않습니다.

교황은 고해성사를 보러 가면 예수님께서 반갑게 맞아주실 것이기 때문에 조금도 지체하지 말고 용기를 내서 고해소를 찾아가라고 권합니다. 그것은 고해성사가 주님의 무한한 자비를 느낄 수 있는 포옹이며 주님께서 주시는 은총의 선물이기 때문입니다.

프란치스코 교황은 2014년 3월 28일 바티칸 성 베드로 대성당에서 열린 참회예절에서 일반 사제 앞에 무릎을 꿇고 몇 분간 자신의 죄를 고백하는 고해성사를 했습니다. 전통적으로 교황은 성금요일 오전에 사제들과 함께 평신도들의 고해를 듣습니다. 그러나 이날 프란치스코 교황은 자신이 먼저 사제에게 고해성사를 했고, 자신의 행동이 다른 평신도에게도 죄를 고백하도록 영감을 주길 바란다고 말했습니다.

"고해성사는 영혼을 치유할 수 있는 성사이자 그리스도만이 줄 수 있는 평화입니다. 우리는 스스로 자신을 용서할 수 없기에 주님께 용서를 청해야 합니다."[*]

"하느님의 얼굴은 늘 인내하시는 자비로운 아버지의 얼굴입니다. 우리가 뉘우치는 마음으로 하느님께 돌아간다면 하느님께서는 결코 싫증내지 않고 우리를 용서하십니다."[**]

[*] 성 베드로 광장에서 거행된 수요 일반알현에서. 2014. 2. 19.
[**] 교황이 된 후 첫 삼종기도 후 강론에서. 2013. 3. 17.

축구광

아르헨티나 출신답게 프란치스코 교황은 '축구광'이라 할 만큼 축구를 좋아합니다. 게다가 그는 축구스타 리오넬 메시의 열혈 팬입니다.

프란치스코 교황은 부에노스아이레스를 연고로 1908년 창단된 아르헨티나 프로축구 1부 리그 명문팀 산 로렌소(성 라우렌시오)의 평생회원이기도 합니다. 이 팀의 '로렌소'란 이름은 알마그로 지역의 거리 축구팀에게 성당 뒤뜰을 경기장으로 제공해준 로렌소 마사 신부를 기리기 위한 것입니다. 이것이 계기가 되어 프로축구팀이 탄생했습니다.

프란치스코 교황은 어릴 적부터 아버지 손에 이끌려 산 로렌소의 경기를 보았고 부에노스아이레스 대교구 교구장 시절에도 시간만나면 축구장으로 달려가 직접 관전했을 뿐 아니라 공개적인 서포터로도 활동했습니다.

프란치스코 교황은 브라질에서 열리는 2014년 월드컵 경기 대회에 참가하는 조직, 선수와 팬에게 영상 메시지도 보냈습니다. 포르투갈어로 전달된 메시지는 월드컵을 축하하고, 월드컵이 사람들이 연대하는 축제로 승화될 수 있도록 희망한다는 내용을 담고 있습니다.

이 영상에서 교황은, 스포츠는 엔터테인먼트의 형태뿐만 아니라, 인간의 가치를 전달하는 보다 평화롭고 형제애적인 도구가 될 것이라고 말했습니다. 페어플레이 정신과 팀워크의 가치가 사람들 사이에서 조화와 평화를 이끌어내고 서로 존중하는 문화를 형성할 수 있기를 바란다고 했습니다.

교황이 가장 많이 쓰는 말은
'예수'와 '모든'

사람이 쓰는 말에서는 그 사람의 됨됨이뿐 아니라 품격마저 묻어납니다. 교황이 즐겨 사용하는 말에서도 그의 정신과 숨겨진 면모가 드러납니다.

이탈리아의 비영리 잡지인 〈비타(VITA)〉가 프란치스코 교황이 선출된 후 2013년 10월 10일까지 각종 강론과 연설, 알현, 삼종기도 등에서 교황이 사용한 말들을 분석한 결과, 평소 교황이 가장 많이 사용하는 단어는 '예수'와 더불어 '모든 것(everything), 모든 사람(everyone)'인 것으로 나타났습니다. 모든 인류를, 하느님을 아버지로 모시는 한 자녀, 한 가족으로 여기는 교황의 생각을 알 수 있는 결과입니다.

교황은 또 알현 자리나 교리를 교육할 때 '걷다(walk)'와 '가다

(go)'라는 단어를 각각 217번, 252번씩 사용한 것으로 집계됐습니다. 다양한 모습으로 자신에게 다가오는 이들과 함께 동행하고자 하는 교황의 세심한 배려를 느낄 수 있습니다.

아울러 그의 표현에서는 'going'이라는 단어도 많이 나오는데, 특히 이 단어는 사회에서 소외된 이들을 향해 교회의 울타리를 넘어 '밖으로(out)' 나서자는 맥락에서 많이 사용한 것으로 밝혀졌습니다.

한편 프란치스코 교황은 질문을 자주 던짐으로써 자신은 물론 청중으로 하여금 중요한 사안에 대해 다시 한 번 성찰하게 하는 어법을 사용합니다. 분석에 의하면 같은 기간 동안 교황은 총 614번의 의문문을 사용한 것으로 집계됐습니다.*

* 이탈리아의 비영리 잡지 〈비타(VITA)〉 2013년 11월 호에서.

일반인이 교황을 만날 수 있는 기회

일반알현(General Audience)

교황은 바티칸 순례자들과 관광객을 위해 '교황을 보는' 기회를 주고 교황의 축복 또는 사도적 축복을 받을 수 있는 기회를 제공하기 위해 매주 수요일에 성 베드로 대성당의 알현실(謁見室)이나 성 베드로 광장에서 이들을 만나는 '일반알현' 시간을 갖습니다. 보통 오전 10시 반에 시작하는 이 시간에 교황은 알현객들과 함께 기도하고 축복하며 짧은 연설을 합니다. 프란치스코 교황은 때때로 일반인들 사이로 내려와 인사와 말씀을 나누기도 합니다.

삼종기도(Angelus Praying)

교황을 볼 수 있는 또 다른 기회는 일요일 정오에 바치는 삼종기도 시간입니다. 삼종기도는 가톨릭교회에서 하루에 세 번(흔히 오전 6시, 정오, 오후 6시), 가브리엘 대천사가 성모 마리아에게 알려준 예수의 잉태와 강생(降生)의 신비를 기념하기 위하여 바치는 기도로, 기도 시간이 되면 종을 세 번씩 치는데, 이 종소리를 듣고 바치는 기도라 해서 삼종기도라고 합니다. 교황은 사도 궁의 창에 모습을 드러내 알현객들과 함께 삼종기도를 바치고, 짧은 연설(훈화)을 한 뒤에 사도적 축복을 해줍니다.
삼종기도를 '안젤루스'라고도 하는데 이는 삼종기도를 시작하는 첫 라틴어 단어인 '안젤루스 도미니'(Angelus Domini = 주님의 천사)에서 유래합니다.

2부

사랑을 살라

프란치스코 교황의 말과 행보가 많은 이들에게 큰 위안으로 다가오는 것은 그 속에 담겨 있는 진정성과 사랑 때문입니다.

　프란치스코 교황은 교황 즉위 후 첫 미사에 청소부들을 초청했고, 부활절에 무슬림 여성과 장애인들의 발을 씻겨주었으며, 첫 외부 공식 방문지로 람페두사 섬에 있는 난민수용소를 찾았습니다. 또한 신자유주의를 '새로운 독재'에 비유하며 신랄하게 비판했고, 시리아 내전을 방관하는 강대국들에게 실질적인 행동을 촉구했으며, 부자들의 탐욕에 대해서도 아주 직설적인 화법으로 비난했습니다.

　집 없는 노인의 죽음은 아무도 주목하지 않지만 주식 2%가 떨어진 것은 큰 뉴스가 되는 현실에 대한 교황의 지적은 오늘날 인간의 가치와 존엄에 대한 우리의 인식이 얼마나 삐뚤어져 있는지를 다시 한 번 환기시켜줍니다.

　사회적 약자에 대한 사랑과 배려를 최우선에 두는 교황의 말과 행동은 이미 무서운 기세로 세상을 바꿔나가고 있습니다. 그러나 그의 행보가 과격하게 느껴지기보다 따뜻하고 살갑게 다가오는 것은 그 속에 담긴 사랑 때문입니다.

공동체의 선익이라는 관점에서 프란치스코 교황은 교황 즉위 이후 짧은 시간 동안 그 누구보다 큰 결실을 일궈내고 있습니다. 이것이 프란치스코 교황의 말과 행보에 전 세계의 눈과 귀가 집중되는 이유입니다.

프란치스코 교황의 말에는 세상을 향한, 특히 가난한 이들을 향한 연민과 사랑이 담겨 있습니다. 그의 말은 세상을 향한 그리스도의 울음과도 같습니다. 더 많은 이들이 가난한 이들을 위해 함께 울어주길 청하는 거룩한 울음입니다.

2부에서는 프란치스코 교황이 세상을 향해 던진 발언과 실천들을 통해 우리 시대에 진정 필요한 가치가 무엇인지 함께 생각해보겠습니다.

사랑을 살라

사랑은 우리가 알고 있는 것보다 더 많은 이름을 지니고 있습니다. 아가페, 관심, 자비, 관용, 나눔, 형제애……. 그것은 하느님께서 우리를 사랑하시는 모습이 그만큼 다양하다는 의미입니다.

'포프 이펙트(교황 효과)'라는 말이 생겨날 정도로 프란치스코 교황은 전 세계 수많은 사람들에게 큰 감동을 주며, 강력한 영향력을 발휘하고 있습니다. 그 힘은 어디에서 비롯되는 것일까요? 그것은 그가 대중들에게 먼저 다가가는 따뜻한 교황이기 때문입니다. 힘없고 가난한 이들에게 먼저 손 내밀고, 아픈 이들의 발을 씻겨주고, 두려워하는 이들의 이야기를 귀담아들어주기 때문입니다.

프란치스코 교황은 부에노스아이레스 대교구 주교 시절에도 평소 빈민가를 자주 방문했고, 그들과 함께 음식을 나누어 먹었고, 그들을 자상하게 돌보았습니다. 그리고 성탄절이 되면 부에노스아이레스의 빈민 지역을 방문하여 그곳의 가난한 이들이 먹을 음식을 손수 준비했습니다.

사랑을 말하기는 쉽습니다. 하지만 온 삶을 통해 사랑을 실천하고 증명하기는 결코 쉬운 일이 아닙니다. 프란치스코 교황은 자신의 삶을 통해 사랑 그 자체이신 하느님의 말씀이 살아 움직이게 합니다. 그는 하느님의 사랑을 전할 뿐 아니라 그 사랑을 몸소 살아내고 있습니다.

프란치스코 교황은 스스로 가난해지기를 통해 자신은 언제나 가난하고 힘없는 이들의 편임을 몸소 증명해 보여주고 있습니다.

"인간의 의식을 진정으로 성장시키는 것은 무엇일까요? 그것은 사랑과 대화를 실천하는 일입니다. 그 이상의 방법은 없습니다."*

"사랑한다는 것은 단순히 애정을 품었다는 것 그 이상입니다. 사랑은 창조를 위한 전면적인 도전이며 끊임없는 시도입니다."**

"사랑은 모든 것을 사랑하는 이와 나누는 것을 말합니다. 사랑은 서로를 닮게 하고 평등을 낳으며 장벽을 허물고 간격을 없앱니다."***

"사랑한다는 것은 자신의 유익을 찾는 것이 아니라 참으로 약하고 가난한 이들의 짐을 함께 진다는 뜻입니다."***

* 아르헨티나 부에노스아이레스 대교구장 시절 교육위원회에서 발표한 연례 메시지에서.
  2002. 3. 29.
** 아르헨티나 부에노스아이레스 대교구장 시절 교육을 위한 미사 강론에서. 2006. 4. 27.
*** 2014년 사순 시기 담화에서. 2013. 12. 26.

무관심의 세계화

프란치스코 교황이 즉위 후 첫 외부 공식 방문지로 선택한 곳은 지중해 람페두사 섬에 있는 난민수용소입니다. 역대 교황들처럼 고상하고 품격 있는 장소를 찾는 대신 난민수용소에 첫 걸음을 한 그의 파격적인 행보는 전 세계를 깜짝 놀라게 만들었습니다.

프란치스코 교황은 이 자리에서 타인의 고통에 무감각한 세태를 강하게 비판하며 난민과 같이 우리의 눈길에서 벗어나 있는 이들에게 관심을 가져줄 것을 호소했습니다. 그의 호소는 그리스도인뿐만 아니라 온 세상을 향한 그리스도의 외침이었습니다.

프란치스코 교황은 돈이 새로운 우상이 되어 인간의 존엄성을 파괴하고 가난하고 힘없는 이들이 고통 받는 현실에 대해 매섭게 비판합니다. 신자유주의가 지배하는 문화에서 진정성이 아무 쓸모없는 것으로 치부되는 상황에 가슴아파합니다. 그리고 우리도 함께 현실의 불평등에 대해 분개하고 변화를 이끌어내야 한다고 강조합니다. 이웃의 고통을 내 일처럼 여기고 그들을 돌보아야 한다고 말합니다. 그는 이러한 발언들을 통해 자선과 사랑의 세계로 우리를 초대하였습니다.

우리는 이미 프란치스코 교황의 초대장을 받았습니다. 너무 늦지 않게 응답해야 할 것입니다.

"'무관심의 세계화'는 우리를 서서히 다른 이들의 고통에 대해 무감각하게 만들며, 대신 스스로를 자기 안에 가두는 인간으로 만들어가고 있습니다."*

"우리는 어떻게 울어야 할지를, 어떻게 연민을 경험해야 할지를 잊었습니다. 이웃과 함께하는 '고통' 말입니다. 무관심의 세계화가 우리에게서 슬퍼하는 능력을 제거해버렸습니다."**

* 세계 평화의 날 담화에서. 2014. 1. 1.
** 교황 즉위 후 첫 외부 공식 방문지인 람페두사 섬 난민수용소에서. 2013. 7. 8.

교황의 분노

　프란치스코 교황이 교황 즉위 후 공개적으로 분노를 표출한 것은 딱 두 번 있습니다.

　2013년 9월 주요 20개국(G20) 정상회의를 앞두고 교황은 블라디미르 푸틴 러시아 대통령에게 직접 편지를 썼습니다. 편지에는 전 세계 GDP의 90%를 차지하는 강대국 정상들이 모인 자리에서 내전으로 피 흘리는 시리아 국민의 고통을 의제로 다루지 않는다는 비판의 메시지가 담겨 있었습니다.

　교황이 분노를 표출한 또 다른 한 번은 이민자를 배척하는 유럽 국가들을 향해서였습니다. "새로운 희망을 찾아 자신들의 고향을 버리고 유럽으로 밀입국하려는 아프리카 난민들이 지중해를 건너다 매년 수백 명씩 목숨을 잃는데 유럽은 자신의 안위만 생각하느라 다른 이들의 울음소리는 듣지 못한다"라며 교황은 유럽 국가들을 매섭게 질타했습니다.

공교롭게도 교황의 분노는 모두 민감한 정치 현안에 관한 것이었습니다. "거리로 나가 다치고 상처받고 더럽혀진 교회를 더 좋아합니다"라는 교황의 발언은 오롯이 가난한 이들을 향한 투신을 전제로 함을 알 수 있습니다. 그래서 그의 분노는 그 어떤 세련된 화술보다 감동적이며 거룩하기까지 합니다.

노숙자와 주식

"어째서 집 없는 노인이 죽은 소식은 뉴스가 되지 않고 주식이 2% 하락한 것은 뉴스가 되나요?"*

프란치스코 교황은 첫 '교황 권고'《복음의 기쁨》에서 현대 자본주의 경제의 문제점을 날카롭게 비판합니다. 화폐, 금융투기, 불평등, 낙수효과 등의 경제학 용어를 사용하여 글로벌 경제의 문제점들을 짚어내는 교황 권고는 프란치스코 교황의 경제학적 식견과 관심을 잘 보여줍니다.

또한 프란치스코 교황은 정치에 무관심한 그리스도인들에게 정치에 참여하는 것이 의무임을 역설하고, 빈부격차와 난민문제 등 가난으로 인해 빚어지는 가슴아픈 현실에 대해 적극적으로 자신의 의견을 피력하였습니다.

'교황 권고(Apostolic Exhortation)'는 교황 문서 중 사목적인 차원에 따라 분류한 것으로, 교리를 나타낸 것은 아니고 신자들의 행동을 장려하기 위한 목적에서 발표하는 것입니다. 사목적 차원의 교황 문서는 회칙(Encyclical), 교황 교서(Apostolic Letter), 서한(Letter), 교황 권고(Apostolic Exhortation), 담화(Message), 연설(Address) 등이 있고 이 순으로 권위를 가집니다.

2013년 6월 29일자로 프란치스코 교황이 서명한 《신앙의 빛(Lumen Fidei)》은 '회칙'으로 발표되었습니다.

---

* 프란치스코 교황의 첫 교황 권고 《복음의 기쁨(Evangelii Gaudium)》 59항에서. 2013.
  11. 24.

신자유주의의 비극

"만연된 개인주의와 오늘날의 경제체제는 무분별한 소비를 부추기고 있습니다. 그 결과 고삐 풀린 소비주의가 불평등과 결합되어 사회 조직에 겹겹이 해를 끼치고 있습니다. 불평등은 결국 폭력을 낳습니다. 무력에 의존하는 군비 경쟁은 그 어떠한 해결책이 되지 못하고, 또 될 수도 없습니다."*

프란치스코 교황은 오늘날 지배적인 경제 논리가 된 신자유주의를 강도 높게 비판합니다. 그는 신자유주의 경제체제가 사회적 약자들을 더욱 소외시켜 인류공동체가 인간다움을 잃어버리게 하고 있다고 경고합니다. 또한 사회 모든 영역에서 효율성만을 절대 진리인 양 내세우는 신자유주의는, 다른 소중한 가치들을 외면하면서 인간

이 인간일 수 있게 하는 숭고한 가치체계마저 허물어뜨리고 있다고
말합니다.

사회적 약자 보호와 불평등 해소를 강조하는 프란치스코 교황의
발언은 미국의 정치권에도 큰 영향을 미치고 있습니다. 2014년 1월
5일 미국 일간지 〈뉴욕타임스〉는 "의사당에 울려퍼지는 교황의 목
소리"라는 제목의 기사에서 버락 오바마 대통령과 여야 정치인들이
경쟁적으로 '프란치스코 교황 따라하기'에 나서고 있다고 보도했습
니다.

실제로 오바마 대통령의 연설 내용에는 프란치스코 교황의 발언
이 자주 등장합니다. 뿐만 아니라 미국의 유력 정치인들은 "프란치
스코 교황이 빈곤과의 전쟁에서 새로운 생명을 불어넣었다", "교황
은 공화당이 빈곤문제 해결의 논의를 시작할 수 있도록 대화의 문
을 열어줬다"라는 등의 평가를 했습니다.

또 교황이 "배제의 경제"를 폐기할 것을 주장한 것이 미국 양당에
게 정부의 역할에 대한 논쟁을 불러일으켰다고도 했습니다.

이처럼 프란치스코 교황의 발언과 행보는 전 세계 지도자들과 국
가 정책에까지 상당한 영향력을 끼치고 있습니다.

* 《복음의 기쁨》 60항에서. 2013. 11. 24.

"야만적 자유주의 경제는 강자를 더 강하게, 약자를 더 약하게 만듭니다. 필요하다면, 극심한 경제적 불평등을 개선하기 위해 국가가 직접 개입할 필요가 있습니다."*

"인권은 테러나 탄압, 그리고 암살 등에 의해 치명적인 상처를 입습니다. 뿐만 아니라 온갖 다양한 형태의 불평등이나 불공평한 경제구조에 의해서도 짓밟혀 큰 상처를 입을 수 있습니다."**

* 이탈리아 일간지 〈라 레푸블리카(La Repubblica)〉와의 인터뷰에서. 2013. 9. 24.
** 아르헨티나 부에노스아이레스 대교구장 시절 교육위원회에서 발표한 연례 메시지에서. 2002. 3. 29.

"만연된 개인주의와 이기주의와 물질만능의 소비주의를 특징으로 하는 새
로운 이데올로기는 '버리는' 사고방식을 조장합니다. 이는 사회적 유대를
약화시켜서 가장 힘없는 이들과 '쓸모없는 존재'로 여겨지는 이들을 경멸하
고 방치하도록 이끕니다."*

"세계화된 포스트모던 시대의 개인주의는 인격적 관계가 갖는 안정성과 발
전을 약화시키며, 가족 간의 유대를 왜곡하는 생활양식을 조장합니다."**

* 세계 평화의 날 담화에서. 2014. 1. 11.
**《복음의 기쁨》 67항에서. 2013. 11. 24.

불평등과 불공정

"우리는 지금 세계에서 가장 불평등한 지역에서 살고 있습니다. 엄청난 발전을 이루었지만 사람들의 삶의 조건은 가장 덜 발전했습니다."*

"재화의 불공평한 분배는 사회악을 양산하고, 이는 가난한 사람들의 부르짖음이 하늘에까지 이르게 하고 너무나 많은 우리 형제들이 인간다운 삶을 살아갈 가능성을 제한하고 있습니다."*

아르헨티나 부에노스아이레스 대교구장 시절이던 2007년 라틴 아메리카 주교단 모임에서 교황 프란치스코는 이같이 말했습니다. 이 발언은 사회정의에 대한 그의 원칙과 입장을 잘 보여줍니다.

프란치스코 교황은 특히 가난한 이들에 대한 교회의 관심과 배려에 매우 단호한 입장을 견지하며 가톨릭교회의 신학과 사목 방향에 있어서도 사회정의적인 측면을 강력하게 지향합니다.

프란치스코 교황으로 인해 사회교리는 가톨릭교회뿐 아니라 일반인들에게도 주목받을 정도로 유명해졌습니다.

사회교리는 가톨릭교회의 공식 교리서인《가톨릭 교회 교리서》'제3편 그리스도인의 삶'(지킬 교리)에서 다루어지고 있는 중요한 교회의 가르침입니다.

산행을 할 때 나침반이 반드시 필요하듯 사회교리는 복잡한 세상에서 그리스도인으로서 합당하게 살아갈 지침을 제시해줍니다. 따라서 사회교리를 배척하고 모르는 척하는 것은 반쪽뿐인 신앙생활을 하는 것이나 다름없는 일입니다.

* 아르헨티나 부에노스아이레스 대교구장 시절 라틴 아메리카 주교단 모임에서. 2007.

정치 참여는 가장 높은 수준의 자선

"불평등은 사회 병폐의 뿌리입니다."*

"사회 구조에 제도화된 악은 언제나 분열과 죽음의 가능성을 지니고 있습니다. 불의한 사회 구조 안에 굳어져버린 악은 더 나은 미래를 위한 희망의 기초가 될 수 없습니다."**

"나는 그들의 통치에 대해 책임이 있으며, 그들이 더 잘 통치하도록 최선을 다해야 합니다. 능력껏 정치에 참여함으로써 최선을 다해야 합니다. 교회의 사회교리에 따르면 정치란 가장 높은 형태의 자선입니다. 정치가 공공의 선에 봉사하기 때문입니다. (빌라도처럼) 손을 씻고 뒤로 물러나 있을 수는 없습니다. 그렇지 않은가요? 좋은 가톨릭 신자라면 정치에 관여해야 합니다. 스스로 최선을 다해 참여함으로써 통치자들이 제대로 다스리게 해야 합니다. 우리가 통치자들에게 제공할 수 있는 최선의 것은 무엇일까요? 기도입니다."***

프란치스코 교황은 《복음의 기쁨》에서 정치 참여가 "그리스도인들의 소명이자 도덕적 의무"임을 강하게 피력합니다. 가난한 이웃에 대한 사랑, 하느님의 정의와 평화에 바탕을 둔 식별을 통해 그리스도인이라면 예외 없이 정치와 사회 문제에 참여하는 것이 마땅하고 정당한 의무라는 것이 그의 가르침입니다.

나아가 교황은 정의를 위한 그리스도인들의 활동을 정치 간섭이라고 비난하는 흐름을 강하게 질타합니다. 그는 그리스도인들이 다양한 방법을 통해 가난하고 핍박받는 이들을 옹호하는 것은 국가 권력에 대한 반대가 아니라 오히려 국가 차원의 정의 실현을 도와주는 것이라고 역설합니다.

교황은 《복음의 기쁨》에서 사적이고 개인주의적인 영성에 매몰되기 쉬운 신앙생활을 경계해야 하고, 이러한 닫힌 신앙은 사랑의 요구, 강생의 논리에 반하는 것이라고 지적합니다. 그리스도인들의 신앙생활이 개인주의적인 사적 신심에 닫혀 있어서는 안 된다는 뜻입

*《복음의 기쁨》202항에서. 2013. 11. 24.
**《복음의 기쁨》59항에서. 2013. 11. 24.
*** 바티칸 성녀 마르타의 집 성당에서 봉헌한 미사 강론에서. 2013. 9. 16.

니다.

그간 가톨릭교회뿐 아니라 사회 안에서도 신앙인들이 사회적인 문제에 관해 언급하고 참여하는 것이 종교와 신앙의 영역을 벗어나는 행위라는 오해가 만연해 있었던 것이 사실입니다.

하지만 프란치스코 교황은 자신의 행동을 통해 모든 그리스도인들이 인간 생활과 관련되는 모든 것에 대해 자신의 의견을 개진할 권리가 있다는 사실을 환기시키고 있습니다.

그리스도인들의 공동체인 교회가 필요한 이유도 이 때문입니다. 개인으로서는 나약한 인간이 교회라는 울타리 속에서 힘과 용기를 얻고, 하느님 말씀을 통해 나아가야 할 방향을 찾게 되는 것입니다.

빈곤을 물리치는 방법

"빈곤을 물리치고 형제애를 증진시키는 또 다른 방법이 있습니다. 그것은 바로 단순하고 소박한 생활양식을 선택한 사람들의 초탈입니다. 이들은 자신이 가진 것을 나눔으로써 다른 이들과 형제적 친교를 경험하게 됩니다. 이는 예수 그리스도를 따르고 참으로 그리스도인이 되는 기본입니다. 이는 청빈을 서원한 봉헌 생활자들의 경우만이 아니라 수많은 가정들과 책임감 있는 시민들의 경우도 해당됩니다. 이들은 이웃과의 형제적 관계가 가장 귀중한 재화임을 굳게 믿습니다."*

* 세계 평화의 날 담화에서. 2014. 1. 1.
   프란치스코 교황의 담화나 메시지 중 한국천주교 주교회의에서 번역하여 발표한 것은 이를 참조했다.

프란치스코 교황은 늘 "단순하고 소박한 생활양식"을 추구해왔습니다. 2014년 세계 평화의 날에 발표한 이 담화문은 단지 특정 기념일을 위해 준비한 것이 아니라 평소 그의 삶의 태도를 그대로 담고 있습니다. 교황은 더 많은 소유, 더 많은 소비를 부추기는 현대 물질문명 시대에 더 적게 소유하고 더 소박하게 사는 것이 비루하고 안타까운 생활이 아니라 그리스도의 정신을 따르고 참 그리스도인으로 거듭나는 최선의 삶이라고 강조합니다.

또한 교황은 이날 메시지를 통해 평화와 사회정의는 모든 이가 하느님의 자녀임을 인식하는 박애의 정신 없이는 불가능하다고 말하며, 인류의 형제애를 강조했습니다.

"인간 한 사람 한 사람을 사랑하시는 하느님께 자신을 열어 얻게 되는 그 폭넓은 차원으로 나아갈 때에야 비로소, 정치와 경제는 형제적 사랑의 진정한 정신을 바탕으로 하는 질서를 이루고 온전한 인간 발전과 평화의 효과적인 도구가 될 것입니다."*

* 세계 평화의 날 담화에서. 2014. 1. 1.

"사람들을 환대하고 먹을 것을 나눌 때 우리는 더 이상 가난하지 않습니다. 진정한 부는 물질이 아니라 마음에서 나옵니다. 부유하고 힘 있는 이들이 사회정의를 위해 일해야 합니다. 사회 부정의로 삶의 끝자락에 내몰린 이들에게 책임을 느껴야 합니다."*

* 브라질 리우데자네이루에서 열린 세계청년대회 기간(2013년 7월 23~28일) 중 리우데자네이루 최대 빈민가 바르지냐를 찾아 가난한 이들을 만난 자리에서. 2013. 7. 26.

노동으로부터의 소외

"현재의 가난은 글로벌 경제 시스템의 결과입니다. 결코 희망을 빼앗겼다고 생각하지 마세요."

프란치스코 교황은 이탈리아의 가난한 지역인 사르데냐를 방문한 자리에서 이렇게 말하고 주민들에게 용기를 북돋워주었습니다. 또한 교황은 이 자리에서 세계화에 따른 높은 실업률을 비난하면서, 탐욕이 주도하는 경제체제를 극복하고 가난한 사람들에게 원조를 제공해야 한다고 강조했습니다.

라틴어로 오에코노미아(oeconomia)라고 부르는 '경제'는 사람이 재화를 생산하고 이를 통해 욕구를 충족시키는 활동을 포괄적으로 지칭하는 개념입니다.

인간의 삶을 풍요롭게 하는 노동을 포함하는 경제활동은 한 인간과 가정, 사회와 인류에게 선익을 주는 일일뿐 아니라, 하느님 창조사업에 동참하는 거룩한 행위입니다. 따라서 경제활동에는 스스로를 돌아보고 선악(善惡)과 진위(眞僞)를 식별하고 판단할 수 있는 잣대가 반드시 필요합니다.

인간은 노동을 통해 자아를 실현하고 세상의 발전과 하느님 나라를 건설하는 일에 동참하게 됩니다. 하느님의 피조물인 인간은 노동을 통해 인간의 존엄성을 드러내고 고양시키는 존재입니다. 또한 노동을 통해서 자기완성을 이루어가며 더욱 더 인간답게 살 수 있습니다.

하지만 현실에서 노동은 인간에게 피하고 싶은 십자가, 지기 싫은 멍에에 지나지 않은 경우가 적지 않습니다. 나아가 소수가 노동과 그 노동에 따른 열매를 독점해가는 경향도 점점 짙어지고 있습니다. 그렇기에 일하고 싶어도 일하지 못하고, 인간답게 살고 싶어도 그러한 삶에서 배제되는 경우가 빈번하게 발생하고 있습니다.

이렇게 인간이 노동으로부터 소외되는 현실에 대해 프란치스코 교황은 강도 높게 비판하며 가진 자들의 반성과 나눔을 촉구합니다.

"인간의 존엄성과 관련해서 가장 중요한 요소는 분명히 노동입니다. 인간의 참된 발전이 이루어지려면 노동이 보장되어야 합니다. 노동을 보장하는 이 과업은 사회 전체의 의무입니다."[*]

"사람이 노동을 위해 태어난 것이 아닙니다. 노동이 사람을 위해 있는 것입니다."[**]

"우리는 자살의 주요 원인 중 하나가 심각한 경쟁관계에서 실패하는 것이라는 점을 잊어서는 안 됩니다. 따라서 우리는 일을 단순히 기능적인 측면으로만 보아서는 안 됩니다. 모든 것의 중심이 이익을 내는 것이나 자본이 되어서는 안 됩니다."[***]

[*] 유럽 경제위기의 가장 큰 피해 지역인 이탈리아 사르데냐 섬을 방문해 노동자들과 만난 자리에서. 2013. 9. 22.
[**] 예수회에서 펴내는 잡지 〈엘 제수이타(El Jesuita)〉와의 인터뷰에서. 2010.
[***] 아르헨티나의 신문기자 세르히오 루빈·프란체스카 암브로게티와 나눈 대담집 《교황 프란치스코》에서. 2013.

권력의 본질

"권력의 본질은 섬기는 것입니다. 잘 섬기기 위해서는 아주 세세한 부분까지 관심을 기울여야 합니다. 그렇게 해야 사람들은 보살핌을 잘 받았다고 느끼게 됩니다."[*]

프란치스코 교황은 실천하는 신앙, 생활 속에서 함께하는 신앙을 외치며 교회가 더 이상 형식적인 것에 얽매여 본질적이며 소중한 것들을 놓치는 우를 범하지 말라고 충고합니다.

상처받고 소외된 이들을 찾아가 껴안고 위로해주는 지극히 상식적이고 당연한 프란치스코 교황의 행보가 신선하게까지 느껴지는 것은, 그동안 권력이라는 프리즘을 통과한 교회의 모습이 그만큼 비정상적이었음을 보여주는 것이나 다름없습니다.

프란치스코 교황은 늘 군중들과 함께 계셨고, 병들고 가난하고 소외된 이들의 아픔에 함께하신 예수님을 따르는 삶 안에 참다운 권력이 있음을 몸소 보여줍니다.

교황은 권위를 갖는다는 것이 억압자가 되는 것이 아니라 섬기는 이가 된다는 뜻임을 일관되게 강조합니다. 그는 평사제 시절부터 교황이 된 지금까지도 자신의 말과 행동으로 권위란 공동체와 형제들에게 보다 자유롭게 봉사할 수 있는 기회임을 확인시켜주고 있습니다.

'권위(autoridad)'라는 말은 라틴어의 'augere'라는 동사에서 유래한 것으로 '성장하게 하다'라는 뜻을 지니고 있습니다. 프란치스코 교황이 걸어온 삶의 행적을 따라가다 보면 타인뿐 아니라 자신을 성장·발전시키는 권위의 참된 의미를 깨닫게 됩니다.

* 부에노스아이레스 대교구장 시절 성 카에타노 축일 미사 강론에서. 2007. 8. 7.

교회의 책임

"그리스도인들은 먹을 것과 일자리를 갖지 못한 많은 사람들이 겪는 불평등과 불의에 대하여 함께 분개해야 합니다. 세상 많은 이들은 오로지 자신만을 생각합니다. 공동선은 거들떠보지도 않습니다. 그러면서도 다른 이들이 옳은 일을 하는 것을 보고 비판하고 참견합니다."*

독실한 그리스도인들, 교회의 지도자들조차 쉽게 잊어버리는 사실 가운데 하나는 교회가 교회 자체를 위하여 존재하는 것이 아니라는 점입니다. 교회는 이 세상, 특히 정치·사회·경제 등 아파하고

---

* 스페인 일간지 〈ABC〉에 실린 연설문에서. 2012. 8.

슬퍼하는 이들의 목소리가 들려오는 모든 영역에서 하느님 나라의 가치를 선포하고 구현해야 할 책임이 있습니다. 교회는 인류 구원의 보편적 성사로서 모든 인류를 구원하는 데 있어서 그 영역과 대상을 초월하기 때문입니다.

따라서 복음을 살아가야 하는 그리스도인들 뿐만 아니라 보편적 인류애를 지닌 이들이라면 누구나 '공동선'을 추구해야 합니다. 공동선이란 "개인과 가정과 단체가 더 충만하게 더욱 쉽게 자기완성을 추구할 수 있는 사회생활 조건의 총체"(사목헌장, 74항)를 말합니다.

어느 때보다도 충직한 '포도밭의 일꾼'이 절실하게 요청되고 있는 오늘날, 주님의 일꾼은 그분의 목소리를 잘 알아들어야 합니다. 주님의 목소리를 제대로 알아듣기 위해서는 공동선이라는 하느님 나라를 향한 푯대에서 잠시도 눈길을 돌려서는 안 될 것입니다.

"정치는 자주 폄하되기는 하지만, 공동선을 추구하는 것이므로 매우 숭고한 소명이고 사랑의 가장 고결한 차원 가운데 하나입니다. 우리는 사랑이 '친구나 가족, 소집단에서 맺는 미시적 관계뿐만 아니라 사회, 경제, 정치 집단 안에서 맺는 거시적 관계의 원칙'이라는 것을 확신할 필요가 있습니다."*

* 《복음의 기쁨》 49항에서. 2013. 11. 24.

"모든 그리스도인과 공동체는 가난한 이들의 해방과 발전을 위한, 그들이 사회의 온전한 일원이 될 수 있게 하는 하느님의 도구가 되라는 소명을 받고 있습니다. 이를 위해 우리는 가난한 이들이 울부짖는 소리에 귀를 기울이고 그들을 돕기 위해 나서야 합니다."*

"우리 모두는 서로를 필요로 합니다. 왜냐하면 각자가 그리스도의 선물에 따라서, 즉 공동선을 위해서 필요한 은총을 받았기 때문입니다.**

"모든 곳에서, 그리고 모든 상황에서 그리스도인들은 목자의 도움으로 가난한 이들이 울부짖는 소리에 귀를 기울이라는 부름을 받고 있습니다."***

*《복음의 기쁨》 187항에서. 2013. 11. 24.
** 세계 평화의 날 담화에서. 2014. 1. 1.
***《복음의 기쁨》 191항에서. 2013. 11. 24.

교회는 야전병원

"교회는 전투가 끝난 뒤의 야전병원 같은 곳입니다. 심각하게 다친 사람에게 콜레스테롤이 높은가 혈당치가 어떤가 물어보는 것은 쓸데없는 일입니다. 우리는 그가 입은 상처를 치유하고 나서 다른 나머지 것에 대해 말할 수 있습니다."*

프란치스코 교황은 복음의 핵심인 사랑을 실천하기 위해서는 교회가 현장에서 일하는 '야전병원'과 같은 감수성을 지녀야 한다고 역설합니다.
아르헨티나 부에노스아이레스 사제 시절부터 그는 안온한 성전

* 〈치빌타 카톨리카(La Civiltà Cattolica)〉와의 인터뷰에서. 2013. 8.

안에만 머무는 고립된 교회가 아니라 가난한 이들 곁으로 다가가 더불어 더러워지는 교회를 몸소 실천해왔습니다. 그것은 교회, 그리고 교회의 지체인 그리스도인들의 사명은 하느님을 알지 못하는 수많은 형제자매들이 예수 그리스도와 친교를 맺을 수 있도록 이어주는 데 있다는 믿음 때문입니다.

교황은 "우리는 그동안 교회의 구조에 관심을 가졌지만 예수 그리스도를 선포하는 것을 잊었습니다. 우리는 다시 한 번 의미 있는 방법으로 예수 그리스도를 선포하는 방법을 발견해야 합니다"라고 말합니다.

"가서 모든 이에게 예수 그리스도의 생명을 전합시다. …… 자기 안위만을 신경 쓰고 폐쇄적이며 건강하지 못한 교회보다는 거리로 나가 다치고, 상처받고, 더럽혀진 교회를 저는 더 좋아합니다."*

* 《복음의 기쁨》 205항에서. 2013. 11. 24.

그리스도인들의
위대한 정치

"정당정치에는 관여하지 말고 십계명과 복음서를 기반으로 한 위대한 정치에는 적극 참여해야 합니다."

부에노스아이레스 대교구장 시절 베르골료 추기경은 아르헨티나 현지 신문기자가 던진 "현실에서 교회는 도대체 어디까지 개입해야 하는 것인가"라는 물음에 대해 이렇게 답했습니다.

그의 이러한 생각은 교황이 된 지금도 변함이 없습니다.

교황은 세상 곳곳에서 벌어지는 인권 유린과 착취 또는 배척 상황, 교육이나 식량 부족 상황을 고발하는 것은 정당정치에 참여하는 것이 아니라 복음에 따른 실천이라고 단호히 말합니다.

사제를 비롯한 그리스도인들이 거리에 나서는 이른바 '길거리 정치'에 대한 사람들의 비난에 대해서도 "우리는 복음의 측면에서 정치를 하지만 정당에 속해서 정당의 이익을 위해 정치를 하는 것은 아니다"라고 단호하게 말합니다.

사회적 관심과 관련해 교황은 교회의 적극적인 사회 참여를 요청합니다. 그의 이런 목소리는 그만큼 세상이 그 어느 때보다 교회와 그리스도인들의 손길을 필요로 하고 있는 현실을 보여줍니다.

프란치스코 교황은 사제 서품을 받은 이후 줄곧 세상에 대한 깊은 통찰을 통해 자본주의와 양극화 문제를 지적하고 가난한 이들을 먼저 돌보는 모습을 보여주었습니다. 그리스도인, 특히 사제들의 현실 참여를 촉구하고 있는 교황의 발언이 결코 즉흥적인 것이 아님을 알 수 있습니다.

낙태한 이들은 물론이고 동성애자, 무신론자들에 대해서조차 이전 교황과는 다른 전향적 목소리를 내는 것도 그의 오래된 신념에서 나온 것입니다.

"성직자이건 평신도이건, 가톨릭 신자라면 모두 사람들과 만나기 위해 밖으로 나가는 일이 중요합니다"라고 말하는 그의 초대에 어떻게 응할 것인지는 우리 각자의 몫입니다.

"만약 사회와 국가의 의로운 질서가 정치의 주요 과업이라면, 교회는 정의를 위한 싸움에서 변두리에 있을 수도 없고 있어서도 안 됩니다."*

"사랑을 전하는 한 방법으로 정치에 참여해야 합니다. 정치가 혼탁하다고 해서 그리스도인들이 참여하지 않는다면, 정치는 계속 혼탁하게 될 것입니다."**

*《복음의 기쁨》 183항에서. 2013. 11. 24.
** 이탈리아와 알바니아의 예수회학교 학생들과의 만남에서. 2013. 6. 7.

세계화와 세계화의 덫에 빠진 교회

"세계화는 우리를 이웃으로 만들어주지만 형제로 만들어주지는 않습니다. 불평등과 빈곤과 불의의 여러 상황은 형제애가 매우 부족할 뿐 아니라 연대의 문화도 결여되어 있다는 표징이 됩니다."*

"수많은 나라에서 세계화는 고유한 문화적 뿌리의 급격한 훼손을 의미하고, 또한 경제적으로는 발전했으나 윤리적으로는 빈약한 외래 문화 사조가 들어오는 것을 의미합니다."**

"세속화(secularization) 과정은 신앙과 교회를 사적이고 개인적인 영역으로만 축소시키려는 경향이 있습니다. 나아가 세속화는 철저하게 초월성을 거부하면서 윤리를 더욱 왜곡시키고 개인과 집단의 죄

의식을 둔감하게 만들고 상대주의를 더 확산시켰습니다."***

"실천적 상대주의는 마치 하느님이 존재하지 않으시는 듯이 행동하고, 가난한 사람이 존재하지 않는 것처럼 결정하고, 다른 이들이 존재하지 않는 듯이 목표를 세우고, 복음을 받아들이지 않은 사람이 존재하지 않는 듯이 활동하는 것입니다."****

프란치스코 교황의 시선은 세계화가 만들어내는 물질주의, 소비주의, 개인주의적 문화 현상에 오래도록 머무릅니다.

그는 강자 위주의 시장 원리에 매몰돼 실업, 공공 서비스의 감소, 환경과 생태계 파괴, 빈부 격차의 심화, 양극화 등 부정적인 결과를 낳는 세계화의 물결에 우려의 눈길을 보냅니다.

교회와 세상의 미래는 세계화가 빚어내는 부작용들에 대해서 그리스도적 감수성을 갖고 현명하게 대처해나갈 수 있느냐에 따라 그 결과가 달라질 것입니다.

* 세계 평화의 날 담화에서. 2014. 1. 1.
**《복음의 기쁨》62항에서. 2013. 11. 24.
***《복음의 기쁨》64항에서. 2013. 11. 24.
****《복음의 기쁨》80항에서. 2013. 11. 24.

정의

"정의를 바로 세우기 위해서는 상대를 단죄하려 해서는 안 되며, 미워하지 않고, 앙심을 품지도 말아야 합니다. 그러기 위해서는 진정으로 화해하려는 모든 이들의 열정이 한데 뭉쳐져야 합니다."*

"정의가 모든 정치의 목적이며 고유한 판단 기준이라면, 교회는 정의를 위한 투쟁에서 비켜서 있을 수 없으며 그래서도 안 됩니다."**

2000년 전 이 땅에서 살았던 예수님이 몸소 보여주신 정의, 교회

* 아르헨티나 주교회의 의장 시절 아르헨티나의 군부독재와 교회가 결탁한 '더러운 전쟁'과 관련한 재판 결과에 대해 InterPress Service(제3세계 위주의 통신사)에 낸 성명서에서. 2007. 10. 10.
** 《복음의 기쁨》 183항에서. 2013. 11. 24.

가 바라는 정의는 세상이 말하는 정의 위에 있습니다. 그래서 굳이 '하느님의 정의'라고 부릅니다.

정의는 사랑 없이는 불가능합니다. 사랑은 절대적인 것이며 그 무엇으로도 대체할 수 없습니다. 모든 다른 덕과 덕행들은 사랑의 표현이어야 합니다. 만일 정의가 그리스도인의 덕목이 되어야 한다면, 그것은 반드시 사랑의 정의가 되어야 합니다. 그렇지 않다면 그것은 결코 정의가 아닙니다.

프란치스코 교황은 자신의 오랜 체험 속에서 묵상해온 정의에 대한 생각을 밝힙니다. 그에게 있어 정의는 사랑의 다른 말 그 이하도 이상도 아닙니다. 라틴아메리카라는 특수한 상황을 바탕으로 한 그의 묵상이 보편성을 띠는 것은 정의와 불의가 맞닥뜨리는 현장에 몸소 서길 두려워하지 않았던 그의 그리스도적인 삶에서 비롯됩니다.

평화

"진리 없이는 어떠한 평화도 없습니다. 다른 사람들의 선익을 배려하지 않은 채 각자가 자신의 잣대만 내세우고 권리만 주장한다면 평화가 있을 수 없습니다."*

"윤리적 상대주의가 민족들의 공존을 위태롭게 합니다. 세계 평화를 위해서는 인간 본성에 바탕을 둔 공통된 윤리가 필수 불가결합니다."*

"세상의 평화를 이루기 위해서는 종교 간 대화, 특히 이슬람과의 대화가 중요합니다. 비신앙인들에게도 더욱 가깝게 다가감으로써 서로의 차이가 분열과 상처를 낳지 않도록 하는 것이 필요합니다."*

교황궁 살라 레지아 홀에서 교황청 주재 외교사절단을 만난 자리에서 프란치스코 교황은 진정한 평화를 이루기 위해 어떻게 해야 하는지에 대해 말했습니다.

　　이 자리에서 그는 "세상의 평화를 이루기 위해서 모든 나라가 평화의 다리를 세우는 것이 아주 중요하며, 이를 위해 탐욕을 이용하는 것을 경계하고 종교가 제 역할을 할 수 있도록 하는 것이 중요하다"고 강조했습니다.

　　구약에서 이사야 예언자는 평화의 상징으로 어린아이를 제시합니다. 평화는 힘의 논리가 아니라 아이처럼 단순한 이들의 선함을 통해 실현된다고 그는 말합니다. 이사야는 인간의 불의한 탐욕으로 잃어버린 평화를 되찾는 유일한 길은 '주님에 대한 앎'이라고 말합니다. 달리 말하면 하느님을 알지 못하는 인간의 무지가 바로 불의와 고통의 원인이 된다는 뜻입니다.

　　정의의 열매이며 사랑의 결실인 평화는 하느님을 앎으로써 겸손과 공정함을 지닌 뒤에야 비로소 누리게 되는 주님의 선물입니다.

* 교황궁 살라 레지아 홀에서 교황청 주재 외교사절단을 만난 자리에서. 2013. 3. 22.

"폭력, 분열, 반대, 전쟁 등은 피조물의 정점인 인간이 미(美)와 선(善)을 바라보는 것을 멈추고, 자신의 이기심으로 후퇴할 때 생겨납니다."*

"구유의 아기, 평화의 아기를 보면서, 우리는 전쟁에서 가장 큰 피해를 당하는 희생자인 어린이들을 생각하게 됩니다. 또 노약자, 상처받은 여성들도 생각하게 됩니다. 전쟁은 수많은 생명을 산산조각 내고 상처냅니다."**

"모든 사람은 기도와 행동을 통해 평화를 위해 기여해야 할 책임이 있습니다. 종교인들은 종교마다 평화를 위한 계명을 갖고 있기에 더욱 특별한 사명을 지닙니다."***

"평화는 가장 높은 수준의 생활로서, 또 보다 인간적이며 지속 가능한 발전으로서, '공동선에 투신하겠다는 강력하고도 항구한 결의'인 연대의 정신으로 살 때에만 진정으로 성취할 수 있고 누릴 수 있는 것입니다. 이는 평화가 '사적 이익에 대한 욕망'이나 '권력에 대한 갈망'으로는 이룰 수 없다는 것을 의미합니다."****

* 평화를 위한 철야기도 강론에서. 2013. 9. 7.
** 예수성탄대축일 미사 후 로마와 전 세계에 보내는 메시지(Urbi et Orbi)에서. 2013. 12. 25.
*** 이탈리아 아시시에서 열린 세계종교인대회 기간(9월 29~10월 1일) 중 바티칸에서 열린 평화를 위한 대화 시간 연설에서. 2013. 9. 30
**** 세계 평화의 날 담화에서. 2014. 1. 1.

그리스도인의 연대

"연대는 부의 사회적 기능과 재화의 보편적 목적이 사유재산에 대한 권리보다 앞선다는 사실을 인식하는 이들의 자발적인 행동입니다. …… 연대가 갖는 이런 신념과 실천이 이루어질 때 다른 구조적 변화에 이르는 길이 열리고 그러한 변화를 가능하게 합니다."*

"슬프게도 어떤 그리스도인들은 신앙과 세상의 가치를 모두 누릴 수 있다고 생각합니다. 그러나 누구도 결코 두 가지 가치를 한꺼번에 가질 수는 없습니다."**

"세상의 옷을 벗고 가난을 끌어안았던 프란치스코 성인의 모범을 따라야 합니다. 그리스도인은 허영과 자만으로 이끄는 세속의 가치와 공존할 수 없습니다."**

프란치스코 교황은 자신이 교황명으로 삼은 프란치스코 성인의 고향 아시시를 방문했을 때 교회와 모든 하느님 백성들은 '세상의 가치'를 단호하게 거부해야 한다고 말했습니다. 그는 아시시의 프란치스코 성인을 본받아 가난한 삶을 받아들여야 한다고 권고하고 "세상의 가치는 공허, 교만, 자만으로 이끄는 우상"이라며 교황 자신을 포함해 모든 그리스도인은 이러한 세상의 가치를 단호히 거부해야 한다고 말했습니다.

* 《복음의 기쁨》 189항에서. 2013. 11. 24.
** 교황이 된 후 처음으로 프란치스코 성인의 고향 아시시를 방문해 드린 미사 강론에서.
  2013. 10. 4.

"그리스도인의 연대는 이웃을 '나름대로 권리와 다른 이와의 근본적인 평등을 갖춘 인간'으로만이 아니라 '아버지 하느님의 산 모상, 예수 그리스도의 피로 구속받았고 성령의 항속적인 활동을 입고 있는 모상'으로서, 우리의 형제자매로서 사랑해야 한다는 것을 전제로 합니다."*

"수많은 사회에서, 우리는 가정과 공동체의 관계가 견고하지 못하여 관계의 심각한 빈곤을 겪고 있습니다. 우리는 여러 유형의 궁핍과 소외와 고립, 그리고 다양한 형태의 병적인 의존이 심해지는 것을 보며 걱정하고 있습니다. 이러한 빈곤은, 가정과 공동체 안에서 형제적 관계를 재발견하고 중시할 때에만, 살아가면서 겪게 마련인 기쁨과 슬픔, 어려움과 성공을 서로 나눌 때에만 비로소 극복될 수 있습니다."*

* 세계 평화의 날 담화에서. 2014. 1. 1.

분노보다는 고통을,
그리고 용서를

"분노는 하늘을 올려다보기조차 힘들 정도로 사람들이 꽉 들어찬 집 같은 것입니다. 반면에 고통은 사람들이 많다 하더라도 최소한 하늘은 올려다볼 수 있는 도시와 같은 것입니다. 고통은 기도와 우정에 열려 있습니다. 그렇기 때문에 분노보다는 차라리 고통이 낫습니다."*

"자비로운 마음은 단죄하지 않고 용서하며, 하느님께서 내 죄를 잊으신 것처럼 잊어버리는 것입니다. 마음을 넓혀야 아름다운 마음이 생겨나고 자비로워질 수 있습니다."**

* 아르헨티나 부에노스아이레스 대교구장 시절 출간한 대화집 《예수》에서. 2010.
** 바티칸 성녀 마르타의 집 성당에서 봉헌한 아침 미사 강론에서. 2014. 3. 17.

프란치스코 교황의 얼굴을 유심히 들여다본 적이 있으신가요. 만약 그렇다면 그의 얼굴에서는 잠시도 웃음이 사라지지 않는다는 사실을 알게 될 것입니다. 특히 사람들과 함께 있을 때 그는 늘 밝게 웃는 모습입니다. 그는 진심으로 사람을 좋아하고 거리낌 없이 어울리곤 합니다.

이동 중에 갑자기 차를 세우고 내려 사람들에게 다가가 "본 조르노(안녕하세요)!" 하며 인사를 건네기도 하는 교황은 자신이 만나는 한 사람 한 사람과 시선을 맞춥니다. 상대의 눈에 담긴, 상대의 얼굴에서 묻어나는 감정들, 특히 아픔과 고통에 공감하기 위해서입니다.

어린 시절부터 가난한 이들 속에서 가난을 몸소 체험하고 살아온 프란치크소 교황에게는 특별한 공감능력이 있는 듯합니다. 그는 2000년이라는 시간을 뛰어넘어 예수 그리스도가 가난한 이들에게 다가갔던 감수성으로 세상에 다가서고 어느새 세상을 하느님 보시기 좋게 바꿔나가고 있습니다.

그가 아픔과 분노, 고통을 드러내는 방식도 예수 그리스도를 닮아 있습니다. 그것은 주님의 위로와 자비를 필요로 하는 이들 속에서 같이 웃고, 같이 울고, 작은 것 하나까지도 함께 나누는 방식입니다. 그래서 그는 홀로 분노하기보다는 함께 아파하기를 좋아합니다.

교황은 '함께함'이야말로 그리스도의 정신을 따르는 삶이라고 말합니다.

"함께 걷는 동행은 힘차고 꾸준한 발걸음으로 이루어져야 하고 친밀함과 따뜻함으로 가득 찬 시선이 담겨 있어야 합니다. 우리의 이러한 시선은 치유하고 해방시키며 그리스도인 생활의 성숙을 독려합니다."*

* 《복음의 기쁨》 169항에서. 2013. 11. 24.

한반도의 평화

프란치스코 교황은 아르헨티나 부에노스아이레스 대교구 보좌주교 시절부터 그곳에서 활동하고 있던 한국인 선교사들을 통해 한반도를 알았고, 한국 신자들을 사랑하게 되었다고 고백합니다.

그는 교황이 된 후, 자신에게 하느님에 대한 새로운 영감과 감동을 불어넣어준 한국인 선교사 문한림 신부를 주교로 임명해 자신의 가까운 동료로 삼았습니다.

프란치스코 교황은 즉위한 직후부터 남북한 화해와 한반도 평화 문제를 여러 차례 언급했습니다. 2013년 3월 31일 부활대축일 미사 후 로마와 전 세계에 보내는 메시지에는 다음과 같이 한반도의 평화를 비는 내용도 포함되어 있습니다.

"아시아, 특히 한반도의 평화를 빕니다. 그곳에서 평화가 회복되고 새로운 화해의 정신이 자라나기를 빕니다."*

또한 교황은 2014년 1월 13일 주 바티칸 외교사절단을 대상으로 한 연설에서 한반도의 평화에 대해 다시 한 번 언급했습니다.

"한반도에 화해의 선물을 달라고 주님께 간청하고 싶습니다. 한국인들을 위해 이해 당사자들이 끊임없이 합의점을 찾아내기 위해 노력하리라 믿습니다."**

하느님 나라를 향한 여정을 이끌어가는 그리스도의 대리자인 교황은 하느님과 인간, 하느님과 세상, 인간과 인간 간의 화해를 중재하는 '화해의 사도'입니다. 하느님, 이웃, 창조계 전체와 화해를 이루어나가는 일이 교회의 사명이라고 할 때, 화해의 메시지를 선포하는 한에서만 화해의 교회라고 할 때, 교황이 진 십자가는 그 무엇과도 비교할 수 없을 정도로 막중합니다.

온갖 불목과 불신, 불신앙으로 넘쳐나는 세상 속에서 그 어느 때보다 많은 상처를 입은 교회가 참 화해에 이르기까지 교황이 걸어갈 길이 멀게만 보이는 것 또한 현실입니다. 역사 속에서 교회는 참다운 화해를 이루기 위해서는 먼저 자신부터 끊임없는 회개를 밑거름으로 한 화해에 도달해야 한다고 가르칩니다.

---

* 부활대축일 미사 후 로마와 전 세계에 보내는 메시지(Urbi et Orbi)에서. 2013. 3. 31.
** 주 바티칸 외교사절단에게 한 신년 연설에서. 2014. 1. 13.

프란치스코 교황은 2014년 4월 세월호 사건에 대해서도 다음과 같이 언급했습니다.

"비극을 당한 모든 이를 위하여 하느님의 위로와 평화의 은총을 간구합니다."*

* 세월호 침몰 희생자에 대한 교황의 위로 메시지에서. 2014. 4. 17.

3부

기쁨의 교회

성자 예수 그리스도는 성부를 닮았으되 그만의 특별한 향기를 지니고 있습니다. 그것이 2000년이 지난 지금도 사람들 사이에서 슈퍼스타를 뛰어넘는 인기를 누리는 예수님의 비결일 것입니다.

교황 프란치스코는 그런 예수님을 많이 닮았습니다. 그의 말, 그의 몸짓 하나하나는 뭇 대중, 특히 가난한 이들을 향해 열려 있습니다. 프란치스코 교황의 말은 누구나 알아들을 수 있을 정도로 단순하고 명쾌합니다. 그래서 그의 이야기를 듣고 있다 보면 유쾌해지기까지 합니다. 저절로 입가에 미소가 걸립니다.

하지만 그가 전하는 메시지는 결코 가볍지 않습니다. 그의 발언들은 그리스도 정신의 본질을 꿰뚫고 핵심을 짚어냅니다. 벼락처럼 다가오는 프란치스코 교황의 메시지는 순간순간 복음의 정신을 제대로 이해하고 복음을 더 잘 따라야겠다는 생각이 끓어오르게 만듭니다.

프란치스코 교황은 신앙과 교리를 해설한 회칙인 《신앙의 빛》과 교황 권고인 《복음의 기쁨》을 통해 가톨릭교회가 나아가야 할 방향과 청사진을 제시했습니다.

프란치스코 교황은 "신앙의 빛은 유일하고 특별하며, 하느님과 만나면서 시작되는 신앙은 우리를 사람으로 변화시키고 세상에 대해 새롭게 눈뜨게 한다"라고 말합니다. 특히 겸손한 신앙을 강조하는 프란치스코 교황은 "신앙은 믿는 이들을 겸손하게 만들며, 다른 사람을 존중하게 한다"라고 말합니다.

또한 그는 현실의 도전 앞에서 신앙으로 가득 찬 희망을 보여줍니다. 하느님의 사랑이 결국 모든 것을 이긴다는 것을 알려줍니다.

3부에서는 프란치스코 교황의 권고에 따라 세상에서 그리스도의 향기를 내뿜어야 하는 우리들이 가져야 할 마음가짐을 알아봅니다. 그리스도의 형제자매, 성령의 살아있는 궁전이 되어야 할 우리들에게 프란치스코 교황은 어떠한 말씀을 새겨주었는지 살펴봅니다.

신앙이란

"신앙은 소수만을 위한 것이 아니라 모두에게 아낌없이 주어지는 선물입니다. 모든 사람이 하느님께 사랑받는 기쁨, 구원의 기쁨을 체험할 수 있어야 합니다! 또한 신앙은 혼자만 간직할 수 없고 나누어야 하는 선물입니다. 이것을 우리 자신만을 위하여 간직하려고 하면, 우리는 고립되어 아무것도 할 수 없는 병든 그리스도인이 될 것입니다."*

"신앙은 결코 인생이라는 케이크를 꾸미는 장식품이 아닙니다. 신앙은 희생이 따르는 선택에 대한 약속과 같습니다. 예수님을 따른다는 것은 악마와 이기심을 떨쳐버리고 주님을 선택하는 것이며, 동시에 어떠한 희생이 따르더라도 각자의 이익보다 믿음과 정의의 편에서 행동하는 것입니다."**

"심장이 수축과 이완 작용을 통해 온몸에 피를 공급하는 것처럼 신앙도 주거니 받거니 해야 늘 살아있게 됩니다."***

전쟁과 폭력, 다툼과 경쟁이 일상적으로 전개되는 세상을 바라보며 프란치스코 교황은 신앙과 폭력이 결코 양립할 수 없는 것임을 역설합니다. 대신 믿음과 승리가 신앙과 함께한다고 말합니다.

교황은, 그리스도인은 결코 폭력적이지 않으면서도 강하며, 그 온유함의 승리가 곧 사랑의 승리임을 일깨워줍니다. 또한 그는 평화로운 삶을 유지하고 최고의 선을 지키는 방법은 신앙이라는 선물을 받아들이는 것이라고 강조합니다.

* 제87차 전교주일을 맞아 발표한 담화에서. 2013. 10. 20.
** 바티칸 성 베드로 광장에서 바친 삼종기도 강론에서. 2013. 8. 18.
*** 교황청 바오로 6세 홀에서 세계 각국 교리교사들과 만난 자리에서. 2013. 9. 27.

사랑하는 형제자매,
그리스도인

"사랑하는 형제자매 여러분. 요셉 성인 안에서 우리는 하느님의 부르심에 언제든 기꺼이 응답하는 법을 배웁니다. 또한 그리스도인 소명의 핵심을 봅니다. 그 핵심은 바로 그리스도이십니다! 우리 삶에서 그리스도를 보호합시다. 그렇게 할 때 우리는 다른 이들을 보호할 수 있습니다. 피조물을 보호할 수 있습니다!"*

프란치스코 교황은 모든 이들을 '사랑하는 형제자매'라고 부릅니다. 마치 프란치스코 성인이 세상의 모든 피조물을 형제로 대했듯이 말입니다. 프란치스코 교황은 교황 선출 선거에 참여한 114명의 추

* 교황 프란치스코의 즉위 미사 강론에서. 2013. 3. 19.

기경과 함께 콘클라베를 마치면서 교황이 된 후 첫 공식 전례로 시스티나 경당에서 '교회를 위한 미사'를 봉헌했습니다. 이 자리에서 교황은 '십자가'를 삶의 중심에 두는 삶이 참 그리스도인의 모습임을 역설했습니다.

이날은 성 요셉 축일이기도 했습니다. 그래서인지 프란치스코 교황은 성모 마리아와 예수의 보호자 역할에 충실했던 요셉 성인의 사명에 초점을 두고, 그리스도인과 우리 사회 모두가 서로를 배려하고 보살필 것을 주문했습니다.

"제가 베드로 직무를 시작하는 이 거룩한 미사를 동정 마리아의 배필이시고 보편 교회의 수호자이신 성 요셉 대축일에 거행할 수 있어서 주님께 감사드립니다."

"그리스도의 십자가 없이 걷고, 그리스도의 십자가 없이 교회를 세우고, 십자가 없이 그리스도를 고백한다면, 우리는 주님의 제자가 아닙니다. 우리는 주교이고 사제이고 추기경이고 교황일 수는 있지만, 그리스도의 제자가 아닌 것입니다."*

"그리스도인은 결코 정지해 있지 않고 계속 걷는 이, 양으로서 걷는 이, 그리고 기쁨으로 걷는 이라고 말할 수 있습니다."**

* 콘클라베를 마치면서 봉헌한 '교회를 위한 미사' 강론에서. 2013. 3. 14.
** 바티칸의 성녀 마르타의 집 성당에서 봉헌한 미사 강론에서. 2014. 2. 14.

쇄신과 식별

"교회 쇄신을 위해 강력한 방법보다는 더 효과적인 약한 방법들을 사용할 것입니다. 변화와 개혁은 단시간에 이뤄지기 힘듭니다. 가장 실제적이고 효과적인 변화의 기반을 마련하기 위해 식별의 시간이 필요합니다. 식별은 항상 주님의 현존 속에서 징표를 바라보고, 일어나는 일들에 귀를 기울이며, 사람들 특히 가난한 이들의 마음을 알아가는 가운데 이루어집니다."*

프란치스코 교황은 내적인 성장이 요구되는 가톨릭교회의 새로운 복음화와 개혁을 위해 몸소 앞장서 실천하는 행보로 주목을 받고

* 〈치빌타 카톨리카〉와의 인터뷰에서. 2013. 8. 19.

있습니다.

교황은 36세의 나이에 예수회 아르헨티나 관구장이 돼 한 수도 공동체의 장상으로 일했던 자신의 젊은 시절을 늘 곱씹습니다. 그는 당시 자신이 모든 일을 혼자 처리하면서 성급하고도 권위적인 결정을 내리는 잘못을 범했다고 고백한 바 있습니다.

프란치스코 교황은 자신의 잘못을 결코 변명하려고 하지 않습니다. 오히려 드러내고 싶지 않은 부끄러운 모습을 고백함으로써 공동체의 형제들이 스스로를 돌아볼 수 있는 계기로 삼게 만듭니다. 교황의 이러한 자세야말로 가톨릭교회가 쇄신하고 새롭게 태어나는 밑거름이 될 것입니다.

교황 즉위 후 첫 미사에서 "뿌리로 돌아가자"라고 강조한 이래 그는 초대 그리스도교 공동체 정신의 회복을 부르짖고 있습니다. 교회마저도 갈피를 잡지 못하는 혼란스러운 세상에서 교회가 영적 쇄신을 이루어 주님이 바라시는 그리스도인의 모습으로 살아가자는 뜻입니다.

올바른 쇄신을 위해서는 올바른 식별이 전제되어야 합니다.

교황은 식별을 위한 징표를 늘 가난한 이들 가운데서 찾습니다. 그가 하느님 나라를 향한 여정에서 헛걸음을 하거나 잘못된 길로 들어서지 않는 이유가 여기에 있습니다.

교회는 어떤 곳인가

"그리스도를 증언하지 않는다면, 우리는 주님의 신부인 교회가 아니라 박애주의자들의 NGO와 다름없습니다."*

"교회는 인간적이고 제도이지만 본질적으로 영적인 하느님 백성입니다."**

"교회의 중심이자 근본이 되는 그리스도 없이는 베드로(교황)도 교회도 존재하지 않으며 존재할 이유가 없습니다."**

* 콘클라베를 마치면서 봉헌한 '교회를 위한 미사' 강론에서. 2013. 3. 14.
** 교황이 된 후 첫 공식 기자회견에서. 2013. 3. 16.

"교회는 용서의 '주인'이 아니라, 이 은총의 선물을 선사할 때마다 크게 기뻐하는 용서의 '봉사자'일 뿐입니다."*

"교회의 역사는 희생과 희망, 매일의 일상에서 일어나는 투쟁과 '우리 이마의 땀'을 만들어내는 부단한 노고도 마다하지 않는 충실한 삶의 역사이기 때문에 영광스러운 것입니다."**

교회의 역사는 세상과의 관계 안에서 '교회다움'을 잃고 휘청대는 그리스도 공동체가 예수 그리스도의 정신을 회복하기 위해 부단한 모색과 노력을 기울여나가는 과정이라고 할 수 있습니다. 이 때문에 교회와 쇄신은 떼려야 뗄 수 없는 관계에 있습니다.

누구보다 강하게 교회 쇄신을 부르짖는 프란치스코 교황은 오늘날 교회의 문제점을 지적하고 나아가야 할 방향을 제시해 준다.

"우리는 자주 은총의 촉진자보다는 은총의 세리처럼 행동합니다. 그러나 교회는 세관이 아닙니다. 교회는 저마다 어려움을 안고 찾아오는 모든 이를 위한 자리가 마련되어 있는 아버지의 집입니다."**

* 성 베드로 광장에서 거행된 일반알현에서. 2013. 11. 20.
**《복음의 기쁨》189항에서. 2013. 11. 24.
***《복음의 기쁨》제47항에서. 2013. 11. 24.

복음의 기쁨

교황 프란치스코의 첫 교황 권고인 《복음의 기쁨》은 충격적으로 다가오기까지 합니다.

그가 말하는 '기쁨'은 복음에서 비롯된 것입니다. 성경이 전해주는 구원의 기쁨을 아는 사람, 예수님을 인격적으로 체험한 사람, 영원한 생명을 아는 사람은 그 기쁨을 숨길 수가 없습니다.

이러한 참 기쁨을 맛본 사람은 이웃, 그리고 이웃의 아픔에 무관심할 수가 없습니다. 주님이 주시는 기쁜 소식은 어느 누가 독점할 수 있는 것이 아니라 모두가 공유할 때 참다운 빛을 발산하고 온 누리를 복음으로 물들게 하기 때문입니다.

복음의 기쁨으로 채워진 신앙인만이 하느님과의 올바른 관계를 이어나갈 수 있습니다.

복음의 기쁨을 일깨워주는 교황의 권고는 현실의 도전 앞에서 신앙으로 가득 찬 희망을 보여줍니다. 하느님의 사랑이 결국 모든 것을 이긴다는 것을 알려줍니다. 이 권고는 프란치스코 교황이 공식적으로 제시한 가톨릭교회의 청사진이라는 점에서 큰 의미를 지닙니다.

"복음의 기쁨은 예수님을 만나는 모든 이의 마음과 삶을 가득 채워줍니다."*

"복음화는 하느님 나라를 이 세상에 드러내 현존하게 하는 것입니다. 그러나 풍부함, 복잡함, 역동성을 갖는 복음화의 실체를 포기하려는 모든 시도, 곧 복음화를 부분적으로 혹은 단편적으로 정의하려는 모든 시도는 결국 복음화를 메마르게 하고 왜곡하기까지 할 뿐입니다."**

"하느님의 현존은 만들어내는 것이 아니라, 발견하고 드러내야 하는 것입니다. 하느님께서는 당신을 진실한 마음으로 찾는 사람에게서 숨지 않으십니다. 비록 그들이 불투명하고 투박한 태도로 모호하게 그분을 찾더라도 말입니다."***

* 새로 서임된 추기경들과 성 베드로 대성당에서 공동집전한 미사 강론에서. 2014. 2. 23.
**《복음의 기쁨》176항에서. 2013. 11. 24.
***《복음의 기쁨》71항에서. 2013. 11. 24.

참 기쁨

"여러분에게 하고 싶은 첫 말은 '기쁨'입니다. 그리스도인은 결코 슬퍼해서는 안 되며 결코 낙담해서도 안 됩니다. 여러분은 슬퍼하는 사람이 되지 마십시오."*

프란치스코 교황은 2013년 3월 24일 성지주일 강론에서 위와 같이 말했습니다. 프란치스코 교황은 기쁨보다는 슬픔과 아픔이 많은 세상을 향해 참 기쁨의 의미를 들려줍니다. 그는 온갖 생명이 살아 약동하게 하는 기쁨이 예수 그리스도를 향한 희망, 그리고 그분과 함께하는 삶에서 비롯되는 것임을 들려줍니다.

* 교황직 시작 후 첫 번째로 집전한 주님 수난 성지주일 미사 강론에서. 2013. 3. 24.

"우리의 기쁨은 많은 것을 소유하는 데서 오는 것이 아니라 우리 가운데 계시는 예수님을 만나는 데서 옵니다. 그 기쁨은 시련을 겪거나 도저히 극복할 수 없을 것 같은 장애를 만나더라도 그분이 함께 계시기에 결코 외롭지 않다는 것을 아는 데서 오는 기쁨입니다."*

"사랑으로 품는 그리스도의 십자가는 구원에 대한 기쁨으로 이어집니다."*

"모든 기쁨과 사랑은 그리스도에게서 나와야 합니다."**

* 교황직 시작 후 첫 번째로 집전한 주님 수난 성지주일 미사 강론에서. 2013. 3. 24.
** 성소주일을 맞아 성 베드로 대성당에서 열린 사제서품식 강론에서. 2013. 4. 21.

"성인(聖人)이 되는 것은 사치스런 바람이 아닙니다. 그것은 세상 구원에 필수적입니다. 그것이 주님께서 우리에게 요구하고 계신 것입니다."*

* 새로 서임된 추기경들과 성 베드로 대성당에서 공동집전한 미사 강론에서. 2014. 2. 23.

목자의 의무

"목자들은 왕자인 체하거나 야망을 지닌 사람이 아니라 교회의 배우자로서 보다 아름답고 풍요로운 공동체를 꿈꾸는 이라야 합니다."*

오늘날 그리스도인이라 불리는 이들, 특히 성직자들 가운데 추문에 휩싸이는 이가 적지 않습니다.

프란치스코 교황은 여러 차례의 발언을 통해 성직자들에게 깊은 성찰과 뼈아픈 반성을 요구합니다. 그는 목자들이 안온한 교회나 사제관이 아니라 거리로 나가 '다치고 상처 받고 더럽혀진 교회'를 실

* 새로 임명된 각국 신임 주교들을 만난 자리에서. 2013. 9. 19.

천할 때 역설적으로 아름답고 풍요로운 공동체를 이룰 수 있음을 역설합니다.

또한 교황은 성직자들이 빠질 수 있는 유혹 가운데 하나가 바로 목자가 아닌 관리자가 되는 것이라고 말합니다. 그는 겸손이 하느님께로 나아갈 수 있는 가장 넓은 길이라고 강조합니다. 그는 증오보다 자신이 대단한 사람이라고 믿는 오만함이 그리스도인들이 범할 수 있는 가장 큰 악이라고 말합니다. 오만한 인간을 가장 혐오한다는 교황의 말이 향하는 가장 가까운 곳은 바로 성직자 집단입니다.

"현 시대 상황은 목자가 아흔아홉 마리 양을 놔두고 길 잃은 한 마리 양을 찾아나서는 성경 속 비유(마태 18, 12-14) 상황과 정반대입니다. 오늘날은 우리 안에 겨우 한 마리만 있고, 나머지는 모두 나가서 찾아야 하는 상황입니다."*

"권위는 언제나 하느님 백성에게 봉사하는 것입니다."**

*《예수》에서. 2010.
**《복음의 기쁨》104항에서. 2013. 11. 24.

수도자

"세상을 깨우는 사람들이 되십시오. 복음을 증거하는 삶으로 가톨릭교회의 매력을 드러내십시오."[*]

"수도자들이 사회 중심이 아니라 주변부를 보살피며 현실을 인식하기를 바랍니다. 소외 계층과 가난한 이들을 만나는 것은 현실을 바라보는 데 매우 중요한 일입니다. 그렇게 하지 않으면 건강하지 못한 이상주의나 근본주의에 빠질 위험이 있습니다."[*]

예수회 출신인 프란치스코 교황은 수도회와 수도 성소에 대한 깊

---

[*] 2013년 11월 27~29일 로마에서 열린 세계 남자수도회장상연합회 제82차 정기총회에서. 2013. 11. 29.

은 이해를 바탕으로, 수도자들은 교회를 풍요롭게 만드는 하느님의 선물임을 역설합니다. 교황은 사람들을 교회로 끌어당기는 매력은 주님을 따르며 행동하는 실천적 삶에 있다는 것을 강조하면서 수도자들이 오롯이 그러한 삶에 투신하길 요청합니다.

선교사

"선교사들은 그리스도교 전통이 오래된 교회에 젊은 교회의 새로움을 가져다주어 일종의 신앙 '회복'을 위한 길이 될 수 있습니다. 그리하여 오랜 전통의 교회는 주님의 길을 따르는 여정에서 서로를 풍요롭게 해주는 교류를 통해 신앙을 나누는 열정과 기쁨을 되찾을 수 있는 것입니다."*

선교사는 자신의 발로 직접 가난한 이들을 찾아가는 사람들입니다. 스스로 가난을 선택했다는 점에서 이들은 프란치스코 교황이 표방한 '가난한 이를 위한 가난한 교회'를 최일선에서 실천하며 살아

* 제87차 전교주일을 맞아 발표한 담화에서. 2013. 10. 20.

가는 사람들입니다.

　선교사들이 걸어가는 여정은 그들의 수만큼이나 다양하지만 종국에는 하느님 나라라는 하나의 길에 다다르게 된다는 공통점이 있습니다. 교황은 그 길에서 마주하는 신앙의 기쁨과 풍요로움을 일깨워줍니다.

성소

"성소란 어떠한 흥미로운 캠페인이나 개인적 목적에서 오는 것이 아닙니다. 거룩한 삶을 살기 위해서는 끊임없는 기도와 비록 하느님의 부르심이 무엇인지 몰라도 그분의 초대에 응답하는 자세가 필요합니다."*

그리스도인은 매일, 그리고 매순간 하느님의 부르심을 받는 존재들입니다. 그러나 그리스도인으로 살아간다는 것 자체가 주님의 부르심에 응답한 결과라는 사실을 잊고 지내는 이들이 적지 않습니다. 성소는 그 자체로 은총입니다. 왜냐하면 하느님께서는 아무나, 아

---

* '신앙의 해'를 기념해 로마를 방문한 66개국 6,000여 명의 신학생과 남녀 수도성소 지망자들을 만난 자리에서. 2013. 7. 6.

무 때나 부르시지 않기 때문입니다. 우리 개개인의 쓸모를 우리 자신보다 더 잘 아시는 주님께서 당신의 협조자로 부르시기 때문입니다.

하지만 주님의 부르심에 "예" 하고 응답하는 것은 쉬운 일이 아닙니다. 하느님께서 사랑하시는 길은 매우 고달프고 힘들기 때문입니다. 그래서 주님의 선택을 받은 신앙의 성조들조차 처음에는 주저하는 모습을 보였습니다. 모세도 그랬고 이사야도 그랬으며 예레미야 역시 그랬습니다. 이처럼 부르심은 축복이면서 동시에 고난입니다.

사람은 누구나 자기 마음에 맞는 이들과 함께 일하기를 원합니다. 그리고 사랑하는 이들은 서로 짐을 나누려고 합니다. 하느님께서도 그러하십니다.

봉헌 생활

"하느님께 자신을 봉헌한 이들의 삶은 세상을 더 정의롭게 하고, 형제애가 넘치도록 하는 누룩과 같습니다."*

"예수 그리스도께서 모범을 보이신 정결과 청빈, 순명의 정신을 사는 봉헌 생활자들은 하느님 나라의 기쁜 소식을 증거하는 이들입니다. 모든 봉헌 생활자는 하느님 백성을 위한 선물입니다."*

프란치스코 교황은 2014년 2월 2일, 주님 봉헌 축일이자 봉헌 생활의 날 정오에 바친 삼종기도 시간에 이렇게 말했습니다.

* 주님 봉헌 축일이자 봉헌 생활의 날 정오 삼종기도 강론에서. 2014. 2. 2.

봉헌 생활은 스승이신 예수 그리스도께서 친히 모범을 보이시며 가르치신 정결, 청빈, 순명이라는 세 가지 복음적 권고를 서약함으로써 하느님 나라를 앞당겨 보여주는 삶을 사는 생활양식입니다.

교회 사명의 결정적 요소인 봉헌 생활은 '그리스도인 소명의 내적 본질'을 나타내기 때문에 교회의 핵심에 자리 잡고 있습니다.

가톨릭교회는 자신의 삶과 생활을 온전히 하느님 뜻에 맡기는 봉헌 생활의 참뜻을 되새기고 봉헌 생활자들의 삶을 격려하기 위해 1997년 요한 바오로 2세 교황이 봉헌 생활의 날을 제정한 이래 '주님 봉헌 축일'에 이날을 기념해오고 있습니다.

성전

"하느님의 성전은 거룩하며, 여러분이 바로 하느님의 성전입니다"
(1코린 3, 16-17). 우리의 이 성전은 우리가 우리 이웃에 대한 의무
들을 무시할 때 더럽혀집니다. 가장 작은 형제, 자매들이 우리 마음
에 있을 때마다 그곳에 계신 분은 하느님 그분이십니다. 그 형제, 자
매에게 문을 닫을 때마다 환영받지 못하는 분은 하느님 그분이십니
다."*

"사랑이 없는 마음은 속화된 교회, 더 이상 하느님께 봉사하는 데
사용하지 않고 다른 용도로 사용하는 건물과 같습니다."**

---

* 새로 서임된 추기경들과 성 베드로 대성당에서 공동집전한 미사 강론에서. 2014. 2. 23.
** 새로 임명된 각국 신임 주교들을 만난 자리에서. 2013. 9. 19.

프란치스코 교황뿐만 아니라 이미 많은 이들이 하느님의 성전은 교회라는 건물이 아니라 바로 그리스도인(人) 자신임을 말해오고 있습니다.

성전에 머무는 안온한 교회가 아니라 거리로 나가 상처받고 더럽혀진 교회를 줄곧 강조해온 교황에게 주님의 성전이 있어야 할 곳은 바로 많은 이들과 만날 수 있는 '거리'입니다. '거리의 교회'는 늘 세상을 향해 열려 있는 교회여야 합니다. 문을 닫아걸 때, 속화된 교회로 추락하고 맙니다.

하느님 앞에서는
모두가 죄인

프란치스코 교황은 모든 것에 우선해서 긍휼함(misericordia)이 최우선 되어야 한다고 강조합니다. 상대를 향해 정죄하던 손가락질의 방향을 먼저 우리 자신에게 돌릴 필요가 있다는 것입니다.

그는 우리 모두가 똑같은 죄인일 뿐이기 때문에 다른 이를 단죄하는 것은 교만이고 더 무서운 죄악이라는 진리를 들려줍니다.

프란치스코 교황이 특히 존경하는 《고백록》의 저자 아우구스티노 성인은 세상에는 2가지 모습의 죄인이 존재할 뿐이라고 말합니다. 하나는 자신의 실수와 연약함을 인정하는 죄인이고, 또 다른 하나는 자신은 전혀 죄인이 아니라면서 강퍅한 마음을 지니고 사는 죄인입니다.

"자신이 죄인이라고 느껴본 적이 있습니까. 그렇게 느낀 적이 있다면, 바로 그 느낌이 진정한 화해로 이끌 것입니다. 그것은 우리 각자에게서 생길 수 있는 가장 아름다운 일 가운데 하나입니다."*

"죄의 얼룩은 내가 씻어내는 게 아니라 오로지 하느님만이 없애실 수 있습니다. 죄를 지었다면 얼룩을 빼려고 세탁소에 갈 게 아니라 먼저 하느님께 용서를 청하면서 자기 자신과 화해해야 합니다."**

* 예수회에서 펴내는 잡지 〈엘 제수이타〉와의 인터뷰에서. 2010.
** 《예수》에서. 2010.

회개

"교회는 언제나 자상한 어머니의 마음으로 그들에게 신앙의 기쁨이 되살아나게 하는 회개, 복음대로 살려는 마음을 불러일으키는 회개를 경험하도록 도와주려고 합니다."*

"무엇보다 마음의 회개가 필요합니다. 회개를 통해 우리는 다른 사람 안에서 자신이 보살펴야 하는 형제자매를 알아볼 수 있고, 충만한 삶을 일궈나가기 위해 함께 일해야 하는 형제자매를 알아볼 수 있습니다. 바로 이것이 평화 증진을 위해 펼치는 수많은 활동에 힘을 불어넣어주는 정신입니다."**

예수 그리스도를 따르는 그리스도인들의 신앙생활에 있어 회개는 첫 단추이자 첫 걸음입니다. 나아가 하느님을 향한 사랑을 엿볼 수 있게 하는 시금석이기도 합니다. 하느님 나라를 향한 여정에 발을 들여놓게 하는 것도 회개이며, 하느님과 멀어진 관계를 되돌려놓는 것도 회개이며, 무너진 모든 관계를 회복시키는 힘을 지닌 것도 회개입니다.

이 회개를 주님의 은총의 지위로 높인 것이 고해성사입니다. 그래서 교황은 회개하는 삶을 강조합니다. 회개 없이는 신앙도 있을 수 없기 때문입니다.

우리가 회개하지 않는 것은 죄가 없어서일까요? 아닙니다. 단지 선하신 하느님으로부터 멀어져 있음을, 자기 안에 있던 사랑의 불씨가 꺼져가고 있음을 깨닫지 못하기 때문입니다.

프란치스코 교황은 회개의 기쁨을 이야기합니다. 회개가 두려움이 아니라 '새로 태어남'을 위한 선택이자 용기라는 것을 일깨워줍니다.

* 《복음의 기쁨》 23항에서. 2013. 11. 24.
** 세계 평화의 날 담화에서. 2014. 1. 1.

미사의 참 의미

"우리는 성체성사인 미사를 통해서 그리스도의 수난과 부활의 신비에 참여합니다."*

"미사는 단지 기도하는 시간이 아니라 성체를 모시는 시간이며, 이 빵은 우리를 구원하고 용서하며 하느님 아버지와 재결합시키는 그리스도의 몸이기에 주일에 미사에 참여하는 것은 대단히 중요합니다."*

프란치스코 교황은 미사의 참 의미에 대해 이와 같이 말했습니다.

* 바티칸 성 베드로 광장에서 열린 수요 일반알현에 참석한 순례객들에게 한 연설에서. 2014. 2. 5.

'야곱의 우물'에서 물을 긷던 사마리아 여인은 잠시 목을 축일 수 있는 물은 알았지만, 영원히 목마르지 않는 생명의 물을 알아보지 못합니다.

많은 그리스도인들이 감사의 예배로 미사를 드리지만 미사의 참된 의미가 무엇인지 모르는 경우가 허다합니다.

미사는 자신을 버리고 주님의 말씀에 귀를 기울이며 그분의 뜻에 따라 한 발 한 발 참된 진리에 다가서게 하는 디딤돌입니다. 우리는 미사를 통해 그리스도의 신비에 맛들이며 아버지이신 하느님과 하나가 됩니다.

"하느님에 대한 믿음은 선이 되고, 십자가에 못 박히신 그리스도에 대한 믿음은 끝까지, 원수마저도 사랑하는 힘이 됩니다. 그리스도에 대한 진정한 믿음의 증거는 자신을 내어주는 것이고, 우리 이웃에게 사랑을, 특히 고통받는 이들과 소외된 이들에게, 또 부당한 대우를 받는 이들에게 사랑을 전하는 것입니다."*

* 제22차 세계 병자의 날 담화에서. 2014. 2. 11.

하느님 나라와 표징

"예수님께서는 하느님 나라가 사람들의 관심을 끄는 방식으로 오지는 않는다고 말씀하셨습니다. 구세주 재림의 징표를 찾아다니지 마십시오."*

"하느님 나라는 우리 가운데 있습니다. 세속적인 호기심으로 이상한 표징들을 찾아다니는 경향은 하느님의 계획과 미래를 통제하려는 잘못된 태도입니다."*

바티칸 성녀 마르타의 집에서 봉헌한 아침미사에서 프란치스코

* 바티칸 성녀 마르타의 집 성당에서 봉헌한 아침미사 강론에서. 2013. 11. 14.

교황은 하느님 나라의 표징에 대한 통찰을 주었습니다.

예수님 시대나 지금이나 많은 이들이 표징을 요구합니다. 성모 발현 등 신비한 현상에 대한 무분별한 믿음은 혼란을 빚을 뿐만 아니라 오히려 복음에서 멀어지게 하는 경우도 적지 않습니다.

프란치스코 교황은 신앙에 호기심을 갖는 것은 좋으나 무분별한 호기심은 성령과 평화, 희망, 그리고 하느님의 영광과 아름다움에서 멀어지게 할 위험성이 있다고 지적합니다. 호기심만을 충족시키려는 행동은 자기만족에서 벗어나지 못해 결국 공동체성을 지향하는 교회에서 멀어지고 복음에서 동떨어지게 하고 맙니다.

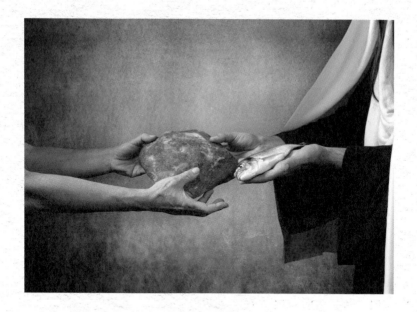

"생명의 선물을 소중히 여기고 정의와 평화가 넘치는 곳에서는 참으로 하느님의 나라가 현존하고 이미 하느님의 주권이 미치고 있습니다."*

* 2013년 부산에서 열린 제10차 WCC(세계교회협의회) 총회 참가자들에게 보낸 메시지에서. 2013. 10. 30.

자비

"신앙의 삶이 아름다울 수 있는 것은 하느님의 자비 덕분입니다."*

"자비로우신 하느님께서는 인간을 결코 포기하지 않으시고 기다려 주십니다."*

"자비로운 마음은 단죄하지 않고 용서하며, 하느님께서 내 죄를 잊으신 것처럼 잊어버리는 것입니다. 마음을 넓혀야 아름다운 마음이 생겨나고 자비로워질 수 있습니다."**

* 교황이 된 후 처음 맞는 하느님 자비주일 미사 강론에서. 2013. 4. 7.
** 성녀 마르타의 집 성당에서 봉헌한 미사 강론에서. 2014. 3. 17.

프란치스코 교황은 "너희 아버지께서 자비하신 것처럼 너희도 자비로운 사람이 되어라"(루카 6, 36)라는 예수님의 말씀을 상기켜줍니다.

자비로운 마음가짐을 갖는 것은 결코 쉽지 않습니다. 우리가 남에 대해서는 습관적으로 엄격한 정의와 도덕의 잣대를 들이대기 때문입니다.

"자비로운 사람이 되어라"라는 말씀은 자기 자신이 악행 속에서 살아가는 죄인이라는 사실을 먼저 인식하고 공의로우신 하느님께 마음을 돌이켜 회개해야만 비로소 하느님이 죄인들에게 자비와 용서를 베푸신다는 뜻을 담고 있습니다.

하느님 앞에서 먼저 자신이 죄인이라고 고백하고 용서를 구하며 부끄러워하는 이만이 하느님의 은총을 받을 수 있습니다.

자비를 발견하려면 먼저 용서해야 하고, 용서를 통해서만 우리 마음과 세상이 평화로 채워질 수 있습니다.

부활

"그리스도의 부활은 우리의 희망이며, 하느님 사랑과 자비는 언제나 승리합니다."*

"예수 그리스도의 부활은 악과 죽음보다 하느님 사랑이 더 강하다는 것을 보여줍니다. 하느님 사랑은 우리 삶을 변화시키고, 메마른 우리 마음에 꽃을 피우게 합니다."*

프란치스코 교황은 2013년 3월 31일 부활대축일 미사 후 로마와

---

* 부활대축일 미사 집전 후 로마와 전 세계에 보내는 메시지(Urbi et Orbi)에서. 2013. 3. 31.

전 세계에 보내는 메시지를 통해 부활의 삶과 사랑이 떼려야 뗄 수 없는 관계에 있음을 강조합니다.

부활은 그리스도교 신앙의 핵심입니다. 부활 없이 그리스도교 신앙은 있을 수 없습니다. 그리스도인들에게 부활은 죽음 자체를 무(無)로 돌리는 것을 의미하는 것이 아니라, 죽음을 극복하는 힘을 뜻합니다.

프란치스코 교황은 부활이 모든 인류에게 적용되는 사건임을 일깨워줍니다. 예수의 부활이 나의 삶과 어떻게 연결되는 것일까요? 그것은 그분의 사랑으로 우리의 삶이 변화되고, 변화된 삶을 통해 주님께로 나아갈 수 있기 때문입니다.

교만

"주님과 우리 이웃을 사랑한다면 빛 속을 걸을 수 있지만, 우리 마음이 닫혀 교만과 거짓과 자기 이익만 찾는 것에 사로잡힌다면 우리 안과 주변은 어둠에 빠지게 됩니다."*

교황 즉위 후 첫 예수성탄대축일 전야 미사에서 프란치스코 교황은 교만이 불러오는 허상에 대해 단호하게 책망했습니다.

교회 가르침 안에서 교만한 자란 하느님을 신뢰하기보다 자기 자신이나 자신이 선택한 수단을 더 신뢰하는 자를 가리킵니다. 악마로 표현되는 존재들이 대표적입니다.

* 교황 즉위 후 첫 예수성탄대축일 전야 미사에서. 2013. 12. 25.

이 때문에 그리스도교 윤리에서 교만은 하느님에 대한 신뢰를 저버리게 하는, 인간의 죄 가운데 가장 큰 죄로 여겨집니다. 자아(自我)를 객관적으로 보는 대신 주관적으로 보는 일은 죄스러운 교만의 씨앗이 됩니다. 그래서 교만의 대상은 자아입니다.

예수 그리스도는 자신의 조상들로 말미암아 구원을 얻는다고 여기는 자(루카 3, 8), 사회적 지위나 도덕적 행위 등으로 말미암아 구원을 얻는다고 여기는 교만한 자들을 비난합니다.

그리스도인이라면 "교만은 천사를 악마로 만들었으나 겸손은 인간을 천사로 만들었다"는 아우구스티노 성인의 말을 끊임없이 되새겨야 할 것입니다.

희망

"피조물을 보호하고 모든 사람을 보호하고 그들을 부드러움과 사랑으로 돌보는 것은 희망의 따스함을 전하는 일입니다. 우리 그리스도를 따르는 이들에게 아브라함과 요셉 성인의 경우처럼, 우리가 전하는 희망은 그리스도를 통해 우리에게 열린 하느님의 지평에서 시작됩니다. 이는 하느님이신 반석 위에 세워진 희망입니다."*

"희망은 모든 것을 비교해보고, 각각의 경우에 최선을 유지하게 하는 능력이라고 말할 수 있습니다."**

* 프란치스코 교황의 즉위 미사 강론에서. 2013. 3. 19.
** 아르헨티나 부에노스아이레스 대교구장 시절 교육위원회에서 발표한 연례 메시지에서. 2002. 3. 29.

"희망은 삶의 어려운 순간에도 우리를 앞으로 나아가게 하며 우리의 눈을 그분께 향하게 해줍니다."*

희망은 어디서 오는 것일까요? 프란치스코 교황은 희망의 본질이 사랑이라고 말합니다. 어떤 이름으로 불리든 희망은 절대자의 사랑에서 비롯되고 열매 맺는다고 그는 말합니다.

희망이 없다고 말하는 것은 사랑이 없다고 말하는 것이나 다름없고, 신이 없다고 고백하는 것이나 마찬가지입니다. 그래서 희망은 용기의 다른 말입니다.

이 용기는 이전에는 상상하지도 못했던 방향으로 걸음을 내딛게 하는 힘을 줍니다. 우리는 살아가면서 이리저리 흔들리고 유혹당하기도 하고 유혹하기도 합니다. 이런 저런 선택을 하면서 옳은 방향으로 가기도 하고 낯선 방향으로 가기도 합니다.

하지만 모든 선택이 올바른 것은 아닙니다. 하느님께 향하는 길만이 참 희망을 줍니다. 희망은 하느님께로의 초대입니다. 그래서 희망은 기꺼운 십자가가 됩니다.

* 모든 성인 대축일을 맞아 로마 베라노 시립묘지에서 집전한 미사에서. 2013. 11. 1.

형제애

"형제애는 인간의 본질적인 특성입니다. 인간은 관계적 존재이기 때문입니다. 우리가 서로 관계를 맺고 있다는 분명한 의식은 우리가 서로를 참된 형제자매로 여기고 대할 수 있게 해줍니다. 형제애가 없으면 정의로운 사회를 이룰 수도 없고, 확고하고 지속적인 평화를 이룩할 수도 없습니다. 일반적으로 우리는 형제애를 가정에서 먼저 배웁니다. 무엇보다도 가정의 모든 구성원, 특히 아버지와 어머니의 책임 있고 상호 보완적인 역할을 통해 형제애를 배웁니다. 가정은 모든 형제애의 원천이고 평화의 바탕이며 평화로 가는 중요한 길입니다. 가정은 그 소명에 따라 그 사랑을 세상에 전해야 합니다."*

"형제애가 평화의 기초이며 평화로 향한 길입니다."*

"모든 활동은 사람들, 특히 가장 멀리 있고 잘 알려지지 않은 사람, 가장 약한 사람을 섬기는 태도로 해야 합니다. 섬김은 평화를 이룩하는 형제애의 혼입니다."*

사랑과 봉사는 형제와 이웃을 섬기는 행위입니다. 그냥 섬기는 것이 아니라 내 몸처럼 온 정성을 다해 섬기는 일입니다. 교황은 온 인류가 사랑으로 하나 될 수 있는 희망의 씨앗을 섬김에서 찾습니다.

평화는 섬김의 열매입니다. 그래서 프란치스코 교황의 삶은 전적으로 섬김을 향해 열려 있고, 그것은 형제애에서 시작합니다.

* 세계 평화의 날 담화에서. 2014. 1. 1.

자선과 적선

"나는 가끔 사람들에게 '가난한 이들에게 자선을 베풀어본 적이 있나요?'라고 물어봅니다. 그들이 '네'라고 대답하면, 나는 '당신의 것을 나누어줄 때 그 사람의 눈을 바라보았나요, 아니면 그들의 손이라도 잡아주었나요?'라고 되묻습니다. 눈을 맞추고 손을 잡을 때 진정한 만남이 이뤄지기 때문입니다."*

"저는 아무런 희생도 따르지 않고 아픔이 없는 자선을 신뢰하지 않습니다."**

---

* 《천국과 지상》에서. 2010.
** 2014년 사순 시기 담화에서. 2013. 12. 26.

자신의 것을 쪼개 나눠주는 것만으로 인간으로서 도리를 다했다고 생각하는 사람들이 많습니다. 그리스도인들조차 나눔이라는 행위 뒤에 자신의 욕심과 잘못을 포장하고 감추곤 합니다.

프란치스코 교황은 그런 행위가 아주 낮은 수준의 적선일 뿐이라고 말합니다. 자선에 사랑이 빠진다면 "주인의 상에서 떨어지는 부스러기"(마태 15, 27)를 주워 먹는 강아지를 대하는 자세나 다름없다고 그는 말합니다.

"가끔 가난한 이들을 위해 봉사한다는 사람들에게서 오만함을 보게 됩니다. 그들은 얼굴을 예쁘게 하고 자신의 이익을 위해 가난한 이를 착취합니다. 이는 심각한 죄입니다."*

"나는 증오보다도 오만함을 가장 혐오합니다. 오만함은 '자신이 대단한 사람이라고 믿는 것'입니다."**

* 이탈리아 사르데냐 섬 방문 중 칼리아리 대성당에서 가난한 이들과 수감자들을 만난 자리에서. 2013. 9. 22.
** 아르헨티나의 신문기자와 나눈 대담집 《교황 프란치스코》에서. 2013.

동성애

"사목자는 신자들을 상담할 때 간혹 동성애 같은 지극히 개인적이거나 다른 사람에게 숨기고 싶은 이야기까지 나누게 됩니다. 그러나 누구도 개인의 특별한 사생활을 간섭할 권한이 없습니다. 하느님께서 위험을 무릅쓰고 우리를 자유로운 사람으로 창조하셨음을 믿는다면, 지금 그 자유인에게 간섭하려는 이는 도대체 누구일까요."*

프란치스코 교황은 부에노스아이레스 대교구장 시절 랍비 아브라함 스코르카와 나눈 좌담에서 동성애에 대한 견해를 밝혔습니다.
동성애는 그간 교회 안에서 언급하는 것조차 금기시된 말입니다.

* 《천국과 지상》에서. 2010.

동성애라는 민감한 사안을 두고서도 프란치스코 교황은, "교회의 중요한 몫은 어떤 하느님의 백성도 배제하지 않고 환영하는 일이며, 비난하지 않고 자비를 베푸는 것"임을 역설합니다.

사회적으로나 교리적으로 민감하게 받아들여질 수 있는 사안에 대해서도 교황은 원론적이고 교리적인 접근이 아니라 잃어버린 양을 찾아 나서는 목자의 심정으로 다가가는 사목적인 접근이 필요하다는 입장을 일관되게 견지합니다.

우리는 이러한 프란치스코 교황을 통해 하느님 사랑이 가없음을 문득 문득 깨닫게 됩니다.

"오늘날 가톨릭교회가 가장 필요로 하는 것은 상처들을 치유하고 신자들의 마음을 따뜻하게 위로할 수 있는 능력입니다."*

* 〈치빌타 카톨리카〉와의 인터뷰에서. 2013. 8. 19.

아무도 홀로 구원받지 못합니다

"어떤 사람도 고립된 개인으로서 홀로 구원받지 못합니다. 하느님은 인간 공동체에서 일어나는 복잡다단한 관계의 그물망을 바라보면서 우리를 당신께로 끌어당기고 계십니다. 하느님은 인간관계의 그물망 속에서 역동적으로 참여하며 들어오십니다."*

프란치스코 교황은 교황 즉위 이후 예수회가 발행하는 잡지 〈치빌타 카톨리카〉와의 첫 공식 인터뷰에서 이와 같이 말했습니다.

신을 믿든 믿지 않든, 어떤 의미에서 모든 인간은 구원을 갈구합니다. 교회가 고백하는 구원은 전인적일 뿐 아니라 사회적인 차원을

* 〈치빌타 카톨리카〉와의 인터뷰에서. 2013. 8. 19.

떱니다. 구원을 통해 삶의 방식이 변한 전인적 존재들에게는 공동체 안팎의 삶이 다를 수 없습니다. 따라서 구원을 체험한 이들의 삶은 자연스럽게 사회로 확장되어 하느님의 질서와 기쁜 소식을 세상에 구현하게 됩니다.

교황은 모든 인간의 구원을 바라시는 하느님의 뜻을 일깨웁니다. 그는 그리스도인들뿐 아니라 모든 이에게 이렇게 묻습니다.

"홀로 하느님 나라에 가는 것이 구원인가요? 그런 구원이 있을 수 있을까요?"

가정은 세상의 엔진

"예수 그리스도께서 수많은 역경을 헤쳐나가야만 하는 인간의 가정에서 태어나신 것은 누구도 하느님의 사랑과 친밀감에서 배제되지 않도록 하기 위해서였습니다. 성가정이 이집트로 피신한 것은, 하느님께서 위험에 처한 이들, 고통 받는 이들, 버림받고 방치된 이들과 함께하고 계시다는 사실을 보여줍니다."*

"가정생활이 어떻게 영위되는지 알아볼 수 있는 하나의 표지는 가족들이 노인과 어린이를 대하는 방식입니다."*

* 예수 마리아 요셉의 성가정 축일에 성 베드로 광장에 모인 순례객들과 바친 삼종기도 강론에서. 2013. 12. 29.

'예수 마리아 요셉의 성가정 축일'인 2013년 12월 29일, 성 베드로 광장에 모인 순례객들과 함께 삼종기도를 바치는 자리에서 프란치스코 교황은 성가정의 중요성과 역할에 대해 이와 같이 말했습니다.

교황은 가정을 '세상의 엔진'이라고 말합니다. 세상을 유지하게 할 뿐 아니라 앞으로 나아가게 하는 힘이 가정에 있다고 보는 것입니다.

그는 가정 안에서 올바른 그리스도교적 교육을 받게 될 때 "모든 인간 존재의 존엄성, 특히 병들고 약하고 소외된 이들의 존엄성을 깨닫게 될 것"이라고 역설합니다. 또한 모든 구성원들, 특히 노인과 어린이가 존중받는 가정을 통해 복음 선포가 일상생활의 다른 영역으로까지 확장된다고 말합니다.

"가정은 사랑하는 법을 배우는 곳이며 인간 생명의 자연스러운 요람입니다. 사람들은 그 안에서 서로 사랑하고 대화를 나누며, 남을 위해 자신을 희생하거나 가장 약한 생명을 수호하는 법을 배우게 됩니다."*

"가정은 사회의 기본 세포이며, 서로 차이점을 갖고 있으면서도 서로에게 속한 다른 이들과 함께 사는 법을 배우는 곳입니다. 가정은 부모가 자기 자녀들에게 신앙을 전수하는 곳이기도 합니다."**

* 교황청 가정평의회 제21차 총회 연설에서. 2013. 10. 25.
** 《복음의 기쁨》 66항에서. 2013. 11. 24.

결혼생활을
잘 해나가는 방법

2014년 2월 14일, 발렌타인 데이(성 발렌티노 축일)에 수많은 약혼
자들이 성 베드로 광장에 모여들었습니다. 이들은 새로 선출된 프란
치스코 교황과 문답을 나누었습니다. 이 자리에서 한 연인이 교황에
게 질문을 던졌습니다.

"어떻게 해야 결혼생활을 잘 해나갈 수 있을까요?"

이에 대해 교황은 다음과 같이 답했습니다.

"프란치스코 성인께서 '예의는 자비의 자매이며, 증오를 불식시키
고, 사랑의 불을 켠다'라고 말씀하신 것을 기억하면서 실수에서 배
우고 실수했으면 곧바로 미안하다고 사과하십시오."*

* 성 발렌티노 축일을 맞아 성 베드로 광장에서 1만여 명의 약혼 남녀들을 만난 자리에
  서. 2014. 2. 14.

또 교황은 인간에 대한 예의를 강조했습니다. 그리고 다음과 같이 조언하며 그 자리에 모인 약혼자들의 행복을 축복했습니다.

"함께 산다는 것은 하나의 예술작품입니다. 매력적이고 아름다우며 계속되는 여정입니다. 이때부터가 시작입니다. …… 이 여정에는 지켜야 할 규칙이 있습니다. 부탁하는 법을 배워야 합니다. 즉, 상대방(배우자)에게 동의를 구한다는 것은 다정하게 타인의 삶에 들어갈 줄 아는 것입니다. 상대방(배우자)에 대한 정중함과 예의가 사랑을 보증해줍니다."

고통의 참 의미

"우리의 고통 곁에, 그리고 좀 더 정확히는 우리의 고통 안에 그리스도의 고통이 있습니다. 그리스도께서는 우리와 함께 고통을 짊어지시고 그 의미를 밝혀주십니다. 하느님의 아드님께서 십자가를 짊어지셨을 때, 그분께서는 고통의 외로움을 물리치시고 그 어둠을 밝혀주셨습니다. 이렇게 우리는 우리를 위한 하느님 사랑의 신비 앞에 서 있습니다. 이 신비는 우리에게 희망과 용기를 줍니다. 하느님 사랑의 계획 안에서는 고통의 밤마저 부활의 빛에 굴복하기 때문에 희망이 생겨나고, 우리가 그분과 함께 그분과 하나 되어 모든 고난에 맞설 수 있게 해주는 용기가 솟아납니다."*

"사람이 되신 하느님의 아드님께서는 인간이 질병과 고통을 겪지 않도록 해주신 것이 아니라, 당신께서 질병과 고통을 몸소 짊어지심으로써 이를 변화시키시고 거기에 새로운 의미를 부여하셨습니다. 질병과 고통은 더 이상 최종 선고가 아니기에 풍요로운 새 삶이라는 새로운 의미를 지니게 된 것입니다. 또한 그리스도와 하나가 되었기에 질병과 고통은 변화되어 더 이상 부정적이지 않고 긍정적일 수 있습니다."*

제22차 세계 병자의 날 담화에서 교황은 믿음과 자선을 기반으로 하여 형제를 위해 우리의 삶을 주어야 한다고 말했습니다.

고통은 절망의 뿌리이며 파괴의 씨앗입니다. 우리는 당장의 통증, 벗어나기 힘든 고통 때문에 세상을 혐오하고 결국 자신마저 혐오하게 되는 경우가 허다합니다.

프란치스코 교황은 질병과 고통이 이러한 부정적인 면만 지닌 것이 아님을 깨닫게 해줍니다. 스스로 죽음이라는 최고의 고통을 겪고 이겨낸 예수 그리스도의 존재를 통해 질병과 고통이 새로운 삶으로 넘어가게 하는 '용기'라는 보석이 될 수 있음을 들려줍니다. 용기는 희망을 더 큰 희망으로 이어가게 하는 강한 힘을 지니고 있습니다.

* 제22차 세계 병자의 날 담화에서. 2014. 2. 11.

십자가

"십자가는 '우리를 향한 하느님의 성실한 사랑의 확실성'입니다. 그 사랑은 하도 커서 우리 죄 안으로 들어와 우리 죄를 용서하고, 우리의 고통 안으로 들어와 우리에게 고통을 견뎌내는 힘을 줍니다. 그 사랑은 또한 죽음 속으로 들어가 죽음을 물리치고 우리를 구원해줍니다. …… 마찬가지로 그리스도의 십자가는 우리가 그분의 사랑에 흠뻑 물들라고 초대합니다. 그리스도의 십자가는 우리가 언제나 자비와 온유로 다른 이들을, 특히 고통 받는 이들, 도움이 필요한 이들을 바라보도록 가르칩니다."*

* 브라질 리우데자네이루에서 열린 2013 세계청년대회 중 '젊은이들과 함께하는 십자가의 길'에서. 2013. 7. 26.

십자가는 모든 그리스도인의 희망입니다.

십자가의 정신이 아니라, 세속의 정신이 우선시될 때 경쟁심과 질투심, 파벌 등 사람을 가르고 악을 낳는 것들이 생겨납니다.

예수 그리스도를 따르는 그리스도인들은 십자가에서 하느님의 응답을 알 수 있습니다.

예수님은 죽음에 이르는 순간까지 폭력에 폭력으로 응답하지 않고, 죽음에 죽음의 언어로 대응하지 않았습니다.

십자가의 침묵 속에서 폭력의 광란은 멈추고, 대신 화해, 용서, 대화와 평화를 말할 수 있게 됩니다.

자연과 생명

"인류 가족은 창조주께 자연을 공동의 선물로 받았습니다. 그리스도교의 창조관은, 자연에서 혜택을 얻되 책임감 있게 이루어지는, 자연에 대한 개입의 정당성을 긍정적으로 평가하고 있습니다. 다만, 이러한 개입은 자연에 새겨져 있는 '법칙'을 인정하고 자원들을 모든 이를 위하여, 또 모든 살아있는 것과 생태계 안에서 그들의 역할이 지닌 아름다움과 목적과 유용함을 존중하는 가운데, 현명하게 사용하여야 합니다. 한 마디로, 자연은 우리에게 맡겨진 것이고 우리는 이를 책임 있게 관리하도록 부름 받았습니다. 그러나 흔히 우리는 자연을 지배하고 소유하고 조작하고 착취하려는 탐욕과 교만에 이끌려 자연을 보존하지도 존중하지도 않습니다. 또한 자연을 우리가 미래 세대들을 포함하여 우리 형제자매들이 이용할 수 있게 돌보아야 하는 은혜로운 선물로 여기지도 않습니다."*

"생명은 잉태되는 순간부터 자연적으로 존엄하게 죽음을 맞이할 때까지 소중한 것이기 때문에 이렇듯 전투를 치르고 있는 것입니다."**

프란치스코 교황은 생명을 거부하는 것이 하느님을 거부하는 것임을 일관되게 역설합니다. 그는 생명이 파괴당하고 거부되는 현장으로 가장 먼저 달려가 싸우고자 합니다.

한 생명이 하나의 우주만큼이나 소중한 것이기에, 생명을 향한 그의 노력은 하루하루가 전투나 다름없습니다. 그가 교회를 '야전병원'에 비유한 것은, 교회를 둘러싼 현실이 그만큼 치열하다는 것을 보여줍니다.

또한 프란치스코 교황은 지구를 악용하고 착취하는 것은 옳은 방법이 아니라고 지적합니다. 지구가 우리에게 베푸는 다양한 혜택을 공유할 수 있도록 생명을 존중하고, 배우고, 개발해나가자고 말합니다. 그는 지구가 자연스럽게 열매 맺지 못하게 하는 것은 죄악이라고 말합니다.

* 세계 평화의 날 담화에서. 2014. 1. 1.
** 《교황 프란치스코》에서. 2009.

생태계

"'보호자'가 되는 소명은 단지 우리 그리스도인에게만 해당되는 것은 아닙니다. 이보다 우선되는 차원으로 모든 인간을 아우르는 그야말로 인간적인 차원도 지니고 있습니다. 이는 창세기에서 이야기하고 아시시의 프란치스코 성인이 보여준 대로 모든 피조물, 창조된 세상의 아름다움을 보호하는 것을 뜻합니다. 또 하느님 창조물 하나하나와 우리가 살아가는 환경을 존중하는 것을 의미합니다."*

"피조물의 '보호자', 자연 안에 새겨진 하느님 계획의 보호자, 인간의 보호자와 자연의 보호자가 되도록 합시다. 이 세상이 나아가는 길에 파괴와 죽음의 징조가 따르지 않도록 합시다! 보호자가 되려면 우리 자신도 살펴봐야 합니다. 증오와 질투와 교만이 우리의 삶을 더럽힌다는 사실을 잊지 맙시다! 보호자가 되는 것은 우리의 감정과 마음을 살펴보는 것도 의미합니다. 그 안에 선의와 악의가 자리 잡고 있기 때문입니다. 이 의지는 건설하기도 하고 파괴하기도 합니다. 우리는 선함, 나아가 부드러움을 두려워하지 말아야 합니다!"*

사람은 생태계의 일부입니다. 사람은 하느님이 지어내신 세상의 일부일 뿐입니다. 태초부터 사람은 하느님 창조 사업의 일부로 초대 받았습니다.

"우리와 비슷하게 우리 모습으로 사람을 만들자. 그래서 그가 바다의 물고기와 하늘의 새와 집짐승과 온갖 들짐승과 땅을 기어다니는 온갖 것을 다스리게 하자."(창세 1, 26)

이로써 하느님께서 인간에게 세상을 다스리게 할 책임을 부여하셨음을 알 수 있습니다.

프란치스코 교황은 다스림의 본질이 '지배'가 아님을 되새기게 합니다. 다스림은 보살핌이며 섬김입니다. 섬김은 기꺼이 그 앞에 무릎 꿇고 그의 발을 닦고 입 맞추는 '낮춤'입니다.

한없이 낮추시는 주님 앞에 낮아지지 않을 수 있는 존재가 있을까요?

* 프란치스코 교황의 즉위 미사 강론에서. 2013. 3. 19.

"희망을 잃지 말고 남을 도우며 살아가십시오."*

* 성목요일 주님 만찬 미사 강론에서. 2013. 3. 28.

호르헤 마리오 베르골료(Jorge Mario Bergoglio)

1936년 12월 17일	아르헨티나 부에노스아이레스에서 이탈리아 이민자의 아들로 태어났다.
1957년	폐렴에 걸려 한쪽 폐 일부를 잘라냈다.
1958년	예수회에 입회하여 성소의 길을 걷기 시작했다.
1960년	부에노스아이레스 산미구엘의 산호세대신학교에서 철학사 학위를 취득했다.
1969년 12월 13일	사제품을 받았다.
1973년 4월 22일	예수회원으로 종신 서원을 했다.
1973~1979년	예수회 아르헨티나 관구장으로 봉사했다.
1980~1986년	산미구엘 철학 신학 대학의 학장으로 일하면서 산미구엘 교구의 파트리아르카 산호세 본당의 주임 사제를 겸임하였다
1986년 3월	독일 프레이부르크에서 신학박사 학위를 받았다.
1992년 5월 20일	부에노스아이레스 대교구 보좌주교로 임명되었다. 같은 해 6월 27일에 주교품을 받았다.
1998년 2월	부에노스아이레스 대교구장에 임명되었다.
2001년 2월 21일	교황 요한 바오로 2세에 의해 추기경에 서임되었다.
2005년 11월	아르헨티나 주교회의 의장으로 선출되어 2011년 11월까지 봉사했다.
2013년 3월 13일	오후(로마 시각) 콘클라베에서 제266대 교황으로 선출되었고, 교황명은 프란치스코로 정했다.

교황 프란치스코
당신의 사랑이 세상을 웃게 합니다

초판 1쇄 인쇄 2014년 8월 1일
초판 1쇄 발행 2014년 8월 7일

지은이 | 서상덕

발행인 | 양문형
펴낸곳 | 끌레마
등록번호 제313-2008-31호
주소 서울시 마포구 월드컵로124 (성산동) 성산빌딩 4층
전화 02-3142-2887   팩스 02-3142-4006
이메일 yhtak@clema.co.kr

ⓒ 서상덕 2014

ISBN 978-89-94081-25-0 (03230)

• 값은 뒤표지에 표기되어 있습니다.
• 제본이나 인쇄가 잘못된 책은 바꿔드립니다.

이 도서의 국립중앙도서관 출판시도서목록(CIP)은 서지정보유통지원시스템 홈페이지(http://seoji.nl.go.
kr)와 국가자료공동목록시스템(http://www.nl.go.kr/kolisnet)에서 이용하실 수 있습니다.
(CIP제어번호: CIP2014021719)